*Introdução à
Teologia Cristã*

Introdução à Teologia Cristã

A Fé e a Prática Cristã

Don Thorsen

DTL Recursos abertos para educação teológica global

©Digital Theological Library 2025 ©Biblioteca
Teológica Digital 2025

Library of Congress Cataloging-in-Publication Data
Dados de Catalogação na Publicação da Biblioteca do
Congresso

Don Thorsen
[What is True About Christianity / Don Thorsen]
Introdução à Teologia Cristã: A Fé e a Prática Cristã / Don Thorsen

216 + xi pp. cm. cm. 15.24 x 22.86
ISBN 979-8-89731-393-8 (livro impresso)
ISBN 979-8-89731-154-5 (livro eletrônico)
ISBN 979-8-89731-151-4 (Kindle)
    1. Teologia, obras doutrinárias populares
    2. Cristianismo – Essência, gênio, natureza
    3. Vida cristã
BT77 .T4818 2025p

Este livro está disponível em vários idiomas em www.DTLPress.com

Imagem da capa: Chi-Rho, escultura encontrada nas catacumbas fora de Roma
Crédito da foto: Equipe da DTL

*Em memória do meu querido irmão,
Norman Thorsen*

Conteúdo

Prefácio desta Série e deste Livro
ix

Parte Um - João 3:16

Capítulo 1 - Todos são bem-vindos!
3

Capítulo 2 - Nascido de novo? De novo? Do alto?
11

Capítulo 3 - Sem Condenação
19

Parte Dois - "Porque Deus amou de tal maneira"

Capítulo 4 - Sim, Deus existe
29

Capítulo 5 - Deus é amor
37

Capítulo 6 - Relacionamento entre Pai, Filho e Espírito Santo
45

Capítulo 7 - O que a apologética realiza
53

Parte Três - "O mundo"

Capítulo 8 - Criado e Evoluído
65

Capítulo 9 - Pessoas e a Imagem de Deus
73

Capítulo 10 - O Problema do Mal
81

Capítulo 11 - Pecado, Ignorância, Miséria e Escravidão
87

Parte Quatro - "Que ele deu seu único filho"

Capítulo 12 - Deus conosco
97

Capítulo 13 - A unidade com Deus
105

Capítulo 14 - Advogado de Deus
113

Capítulo 15 - Escritura, Tradição, Razão e Experiência
121

Parte Cinco - "Para que todo aquele que crê não pereça"

Capítulo 16 - Nossas escolhas fazem a diferença
131

Capítulo 17 - Ordens de Salvação
139

Capítulo 18 - Justiça e Justificação
147

Capítulo 19 - Variedades da espiritualidade cristã
155

Capítulo 20 - Nenhuma santidade, mas santidade social
165

Capítulo 21 - Sacerdócio dos Crentes
173

Capítulo 22 - O Problema da Hipocrisia
181

Parte Seis - "Mas que tenham a vida eterna"

Capítulo 23 - Fim dos Tempos
191

Capítulo 24 - E aqueles que não creem?
199

Capítulo 25 - Céu e Inferno
207

Epílogo
213

Prefácio desta Série e deste Livro

Esta Série

A missão da Biblioteca Teológica Digital (DTL) é ajudar todos a se envolverem tanto na reflexão autocrítica sobre sua própria fé quanto no diálogo humilde com pessoas de outras tradições. Em nosso trabalho com escolas teológicas em países em desenvolvimento, observamos uma clara necessidade de recursos teológicos em diversos idiomas.

Esta série foi elaborada para atender a essa profunda necessidade. A DTL está trabalhando diligentemente para encontrar obras conceituadas nas áreas de estudos bíblicos, religiosos e teológicos que possam ser amplamente disponibilizadas em tradução. Quando as circunstâncias permitirem, a DTL está adquirindo o direito de traduzir tais obras para outros idiomas e disponibilizando essas traduções nesta série.

Leitores atentos notarão que nenhum tradutor é mencionado nos créditos iniciais da obra. Portanto, devemos ressaltar que esta obra, como todas as obras traduzidas pela DTL, foi — em sua maior parte — traduzida por inteligência artificial. Confiamos que nossa aplicação de IA produziu uma tradução digna do texto previamente publicado pelo autor.

Talvez seja sensato explicar nossa abordagem em relação a citações e documentação. Sempre que possível, traduzimos citações dentro do texto e os comentários do autor em notas de rodapé do idioma original para o idioma de destino. No entanto, geralmente não traduzimos informações bibliográficas do idioma de origem para o idioma de destino. Nossa justificativa para essas decisões editoriais foi simples. Queríamos equilibrar a necessidade dos leitores de compreender os argumentos do autor (portanto, geralmente traduzimos citações) com a outra necessidade dos leitores de conhecer a fonte das citações e referências. Assim, citações dentro do texto e comentários do autor em notas são geralmente traduzidos, enquanto referências bibliográficas não são traduzidas. (Às vezes, nos desviamos desses princípios quando um autor se refere a um texto conhecido que está disponível em vários idiomas. Nesses casos, os títulos às vezes são traduzidos.)

Este Livro

Esta obra, como indica o título, destina-se a servir como um livro didático introdutório para futuros teólogos e teólogas. A genialidade deste livro reside no uso de um dos versículos possivelmente mais conhecidos de toda a Sagrada Escritura — João 3:16 — como ferramenta didática para introduzir a teologia.

Leitores atentos também notarão que não há tradutor mencionado nos créditos editoriais. Por isso, gostaríamos de esclarecer que esta obra — como todos os livros traduzidos pela DTL — foi, em grande parte, traduzida por inteligência artificial. Confiamos que essa dependência da inteligência artificial resultou em uma tradução digna do texto original em inglês do Dr. Thorsen.

Por fim, queremos destacar que o Dr. Thorsen, um respeitado estudioso e talentoso professor dentro da tradição teológica wesleyana, generosamente permitiu que esta valiosa obra fosse distribuída gratuitamente a leitores interessados. Desejamos expressar nossa sincera gratidão por este gesto de generosidade. Esperamos sinceramente que esta obra encontre um público amplo e receptivo — em qualquer lugar do mundo onde for lida.

Equipe da DTL

Parte Um
João 3:16

Capítulo 1
Todos são bem-vindos!

Há dois mil anos, em uma região seca e poeirenta do mundo, havia um homem chamado Nicodemos. Nicodemos era um líder em sua comunidade, que buscava preservar e proteger sua cultura e tradição únicas em um mundo em constante mudança. Impérios surgiram e caíram, mas esta comunidade permaneceu. No entanto, esta comunidade (como tantas outras pessoas) resistia a mudanças. Então, quando uma nova pessoa apareceu na cidade — uma pessoa que fazia coisas milagrosas e espalhava ensinamentos como ninguém jamais ouvira antes — Nicodemos decidiu aprender mais. Certa noite, Nicodemos partiu sozinho, depois que o céu escureceu e o ar esfriou, e foi encontrar este homem.

Muitas pessoas conhecem o versículo de João 3:16, mas poucas sabem sobre Nicodemos. Ele era membro da escola de pensamento farisaica e também servia no Sinédrio, uma assembleia de líderes judeus com autoridade política e religiosa. Portanto, é digno de nota que Nicodemos tenha procurado Jesus.

Nicodemos visitou Jesus à noite, o que levou cristãos ao longo dos séculos a questionar as intenções de Nicodemos. Por que ele veio à noite? Nicodemos estava com medo? Do que ele tinha medo: do ridículo pessoal? da rejeição religiosa? da ruína política? da retaliação violenta? Afinal, Jesus havia sido um ativista político, além de um líder religioso. No capítulo anterior a João 3, João — o suposto autor do livro de João — conta que Jesus usou um chicote de cordas para expulsar os cambistas do templo judaico, derrubando mesas e espalhando dinheiro no chão (João 2:13-22). Essa suposta "purificação" do templo foi mais do que um ato religioso; desafiou as estruturas sociais, políticas e econômicas do antigo Israel.

Nicodemos também pode ter ido a Jesus como porta-voz em nome de outros. Em João 3:2, Nicodemos diz: "Rabi, sabemos que és mestre...". Veja também as respostas de Jesus a Nicodemos, usando o plural de "tu" no grego original em que esta parte das Escrituras foi escrita (vv. 7, 11, 12). Independentemente de Nicodemos ter falado por si mesmo ou em nome de outros, persistem questionamentos sobre o motivo de sua vinda à noite.

Muitas vezes ouvi pregadores e li comentaristas bíblicos criticando Nicodemos por vir à noite, e mesmo assim Jesus o acolheu. Jesus o acolheu! João não apresenta evidências de que Jesus tenha criticado a visita de Nicodemos. Pelo contrário, os dois homens se envolveram em uma conversa animada que resultou em algumas das palavras mais memoráveis proferidas por Jesus.

É provável que Nicodemos tenha vindo louvar Jesus, descrevendo-o como um mestre vindo de Deus, observando que Jesus realizava sinais que confirmavam a presença de Deus. Não está claro com que conhecimento de causa ou sinceridade Nicodemos fez essas afirmações. De qualquer forma, Jesus foi rápido em mudar de assunto. Jesus não queria falar sobre sinais e milagres, mas sim sobre as profundas questões espirituais pertinentes à sua mensagem do Evangelho. Jesus não questionou as intenções de Nicodemos sobre por que ou quando ele havia vindo. Jesus o acolheu! Nicodemos provavelmente poderia ter vindo ao encontro de Jesus em qualquer lugar, a qualquer hora, e com as piores intenções, e Jesus o teria acolhido.

Jesus acolheu a todos

Ao longo das Escrituras, Jesus acolheu repetidamente pessoas, incluindo aquelas que eram marginalizadas pela sociedade — marginalizadas por razões espirituais, físicas, sociais e culturais. Consideremos primeiro aquelas marginalizadas por razões religiosas. Jesus acolheu pecadores. Por exemplo, ele não condenou uma mulher apanhada em adultério, que havia sido trazida a Jesus por uma multidão vingativa (João 8:1-11). (Injustamente, apenas uma mulher adúltera foi trazida, mas não também o homem adúltero.) Jesus também contou parábolas sobre acolher pecadores, como, por exemplo, acolher um filho pródigo que havia desperdiçado descontroladamente a herança de seu pai (Lucas 15:11-32).

Consideremos agora aqueles que foram ostracizados por razões físicas, sociais e culturais, e não por serem pecadores. Mais notavelmente, Jesus disse que cumpriu as profecias de Isaías porque veio trazer boas novas aos pobres, proclamar a libertação aos cativos, curar os cegos e libertar os oprimidos (Lucas 4:16-21). Essas são pessoas que sofreram, não necessariamente por causa do pecado, mas também por causas físicas, sociais e culturais. Jesus acolheu os pobres, os aleijados e os cegos, que eram excluídos da sociedade

(Lucas 12:33; cf. 14:12-14). Ele acolheu mulheres, que eram marginalizadas na sociedade, como a samaritana junto ao poço (João 4:1-42). Jesus acolheu cobradores de impostos, que eram considerados opressores econômicos e políticos, como Zaqueu (Lucas 19:1-10). Jesus acolheu — e até elogiou — aqueles que não eram da religião judaica: o centurião romano (Lucas 7:1-10), a mulher cananeia da Sirofônia (Mateus 15:21-28) e os samaritanos, considerados hereges sectários, além de mestiços étnicos (Lucas 17:11-19). Ele acolheu Nicodemos, que representava a liderança religiosa e política de Israel (João 3:1-17). Jesus até disse que devemos amar nossos inimigos e orar por eles (Mateus 5:43-44). Portanto, se há uma mensagem a ser aprendida sobre o encontro de Jesus com Nicodemos, é que todos são bem-vindos a ele.

Por que as pessoas se sentem indesejadas

Por que o cristianismo é tão frequentemente conhecido por ser hostil, crítico e discriminatório? Uma anedota comum é que as pessoas gostam de Jesus, mas não do seu "fã-clube". Quem é esse tal de fã-clube? Refere-se aos cristãos, igrejas, denominações e outros autoproclamados seguidores de Jesus. A maioria das pessoas conhece a longa história de injustiças cometidas contra outros em nome de Jesus, de Deus e do cristianismo: perseguição religiosa? Cruzadas? Inquisições? Colonialismo? Racismo? Segregação? Redlining? Misoginia? Homofobia? Intolerância?

A essas questões de injustiça, os cristãos podem responder dizendo que tais erros são apenas uma parte do passado, ou que, no presente, são devidos à "má imprensa", "notícias falsas" ou "inveja" por parte de seus críticos. No entanto, as questões persistem — tanto dentro quanto fora das igrejas — e por um bom motivo. É importante lembrar que o mau comportamento dos cristãos não reflete o que as Escrituras têm a dizer.

Consideremos um exemplo: racismo. Os cristãos nem sempre gostam de falar sobre racismo, visto que não é explicitamente mencionado nas Escrituras, ou porque é um "ismo", criado pela ciência comportamental moderna, e não por eticistas cristãos históricos. Muitos cristãos afirmam não se envolver em atitudes ou comportamentos racistas, embora o racismo continue sendo uma das principais áreas em que os cristãos falham em demonstrar o tipo de atitude acolhedora que Jesus demonstrou a Nicodemos. As

Escrituras dizem muito sobre preconceito e discriminação racial, apesar dos esforços atuais para ignorá-los.

Grande parte do livro de Atos, por exemplo, trata dos desafios decorrentes da incorporação de um número crescente de convertidos não judeus (isto é, gentios) entre os judeus predominantemente convertidos. Em Atos 6, um grupo de líderes voltados para o serviço, chamado diaconato, foi estabelecido — não por uma supervisão administrativa, mas por práticas discriminatórias contra cristãos helênicos (isto é, gregos). As viúvas cristãs hebreias eram providas pela distribuição diária de alimentos pela igreja, mas as viúvas cristãs helênicas eram negligenciadas. Por quê? As Escrituras não dizem, mas provavelmente tinha a ver com sua etnia ou raça diferente, língua diferente ou alguma outra diferença — uma desigualdade que a igreja rapidamente corrigiu. Diáconos foram imediatamente nomeados para promover a distribuição equitativa de alimentos e fundos na distribuição de tudo o que os primeiros cristãos tinham em comum (Atos 6:1-6, cf. 2:43-47).

Com muita frequência, cristãos e igrejas continuam a ser vistos como instigadores de insensibilidade racial, étnica e cultural, ou pior. Certamente, esses não são problemas facilmente resolvidos, e as atitudes religiosas representam apenas um fator que causa o racismo. Mas os cristãos fariam bem em acatar a conhecida crítica de Martin Luther King Jr. às igrejas, quando ele afirmou que o horário das 11 horas nas manhãs de domingo é o mais segregado nos Estados Unidos. Novamente, o racismo não é um problema facilmente diagnosticado e resolvido, mas o fato de os cristãos minimizarem ou ignorarem (ou seja, ignorância intencional) os efeitos do racismo demonstra sua negligência em relação à abordagem acolhedora de Jesus para com as pessoas — todas as pessoas.

Novamente, e quanto aos pecadores? Jesus os acolheu igualmente? Sim, acolheu. De fato, Jesus foi condenado por seus críticos como amigo dos pecadores (Mateus 11:16-19). Jesus identificou os pecados e exortou as pessoas a não cometê-los. Pecados incluem transgressões contra as leis bíblicas reveladas por Deus, mas pecados têm mais a ver com transgredir contra Deus — rejeitar o relacionamento com Deus ou a reconciliação com Deus. Jesus não deixou de acolher os pecadores e não se aproveitou de suas falhas para rebaixá-los.

Com muita frequência, cristãos se fixam em ações específicas que são consideradas pecado e usam isso como desculpa para excluir outros. Cristãos e igrejas agem de forma julgadora e discriminatória, agindo com autojustiça ao se concentrarem no "cisco" no olho dos outros, enquanto ignoram a "trave" em seus próprios olhos (Mateus 7:3-5). Este é frequentemente o caso em relação à questão da homossexualidade. Consideremos esta questão atualmente controversa: a homossexualidade.

O que as Escrituras dizem e não dizem sobre a homossexualidade tem se tornado cada vez mais debatido entre cristãos e igrejas ao longo do último século. Para começar, não há muitos versículos bíblicos que tratem do comportamento homossexual. Além disso, o contexto histórico e literário desses versículos nem sempre fornece as conclusões claras que os cristãos do passado sustentavam alegremente. Além disso, as Escrituras não abordam questões de orientação homossexual, casamento homossexual ou pessoas transgênero e intersexo. Diante desse contexto, alguns cristãos — se não a maioria — consideram o comportamento homossexual um pecado. No entanto, eles podem tratar esses pecados como piores do que outros pecados, até mesmo os pecados heterossexuais, como, por exemplo, as proibições bíblicas sobre adultério, divórcio e novo casamento.

Com muita frequência, cristãos, igrejas e organizações cristãs agem zelosamente contra o que acreditam ser pecados sexuais, promovendo disciplina eclesiástica e leis políticas contra pessoas que se autoidentificam como LGBTIQ. No entanto, permanecem indiferentes ou tolerantes com aqueles que cometem pecados heterossexuais, incluindo assédio sexual, agressão e estupro. Se os cristãos são consistentes em sua indignação moral e em sua exclusão de pecadores sexuais em nome da pureza moral, então talvez tenham motivos para se sentirem ofendidos quando são criticados por serem discriminatórios, odiosos e opressores em relação aos outros. Mas se excluem homossexuais da igreja e os discriminam na sociedade, sem, no entanto, agirem de forma semelhante contra os culpados de imoralidade heterossexual, então claramente são tão hipócritas quanto aqueles que Jesus denunciou nas Escrituras por cumprirem partes, mas não todos, os ensinamentos de Deus (ver Mateus 23:23-24). Os cristãos precisam se lembrar da primeira lição que aprendemos com a história de Nicodemos: todos são bem-vindos!

Desafios Pessoais e Sociais
　　Os cristãos desejam manter a pureza moral de suas vidas e de suas igrejas, e as Escrituras apoiam esse objetivo. O problema tem a ver com práticas inconsistentes, injustas ou discriminatórias. Por que isso acontece? Há uma série de causas possíveis para essas injustiças, é claro, pessoais e sociais. Tipicamente, os cristãos se concentram em causas pessoais: idolatria, orgulho, egocentrismo e assim por diante. No entanto, eles podem não ter se concentrado o suficiente em causas sociais. Nos Estados Unidos, por exemplo, os cidadãos do país têm sido criticados há muito tempo por terem uma espécie de "religião civil". A religião civil é um conceito sociológico sobre como as pessoas nos Estados Unidos consideram sua nação indivisivelmente ligada à sua compreensão de Deus: Deus e o país. Mais especificamente, eles podem considerar sua filiação partidária inextricavelmente ligada a Deus: Deus e o Partido Republicano, ou Deus e o Partido Democrata. Embora, em teoria, a maioria dos cristãos diria que Deus não é republicano nem democrata, na prática, eles podem não agir dessa forma. A estreita aliança entre Deus e uma nação, ou entre Deus e um partido político, resulta na negligência das Escrituras. As pessoas acreditam estar falando palavras das Escrituras, quando, na verdade, estão falando palavras que vêm de um grupo social específico — uma classe econômica, um grupo racial ou étnico, ou mesmo um partido político. Essa visão culturalmente influenciada da religião leva cristãos e igrejas a uma espécie de autoengano. Eles pensam que estão sendo moralmente puros, quando, na verdade, discriminam pessoas ou grupos de pessoas que são menos capazes de se defender contra violações de seus direitos morais e civis.
　　Sem dúvida, Jesus criticava certas pessoas. Às vezes, muito críticas! Por exemplo, Jesus criticava a hipocrisia das pessoas, e sua maior crítica era frequentemente contra a hipocrisia dos líderes religiosos e políticos de Israel. Em Mateus 23, Jesus condenou os escribas e fariseus como hipócritas, guias cegos e sepulcros caiados, cujo exemplo não deveria ser seguido. Nas Escrituras, Jesus confrontou repetidamente a hipocrisia dos líderes judeus, sem se conter por causa de suas posições de autoridade e privilégio religioso.
　　Às vezes, os cristãos recorrem a versículos bíblicos que parecem promover uma obediência quase cega àqueles em posições

de liderança, tanto na igreja quanto no governo. No entanto, sua hipocrisia é evidente para todos — se não para eles mesmos — quando defendem a obediência apenas quando seus líderes religiosos e políticos preferidos estão no poder. Frequentemente, são os mais rápidos a condenar essas mesmas posições de liderança, uma vez que seus líderes religiosos e políticos preferidos já não estão no poder. Não é de se admirar que a hipocrisia seja um dos motivos mais mencionados para um número crescente de pessoas não gostar nem frequentar igrejas!

Comentários finais

"Que faremos então?" Estas são as palavras que os novos convertidos perguntaram a João Batista, outro seguidor de Jesus (Lucas 3:10). A eles, João deu conselhos muito concretos: repartam; não defraudem; não extorquem dinheiro; e contentem-se com o seu salário. Conselhos semelhantes poderiam ser dados no final deste capítulo sobre como os cristãos, como Jesus, devem acolher os outros. Aqueles que estão nas igrejas devem se concentrar em se tornar mais acolhedores, mais hospitaleiros, mais amorosos — como gostariam de ser amados. Embora seja bom seguir os ensinamentos de Jesus, devemos fazê-lo com imparcialidade e não excluir ou discriminar nenhuma pessoa ou grupo de pessoas em particular, especialmente entre aqueles que são impotentes, marginalizados ou que sofrem.

A todos, digo: bem-vindos, assim como Jesus vos acolhe. O cristianismo deve ser conhecido por acolher todas as pessoas, independentemente de serem pecadores ou não, e independentemente da sua raça, etnia, sexo, gênero, orientação sexual, classe, língua, nacionalidade e origem religiosa. Esta mensagem de hospitalidade pode parecer boa demais para ser verdade, e na realidade nem sempre é o caso entre cristãos e igrejas. Mas com Jesus, é sempre verdade! Jesus acolhe a todos, assim como acolheu Nicodemos naquela noite escura.

Capítulo 2
Nascido de novo? De novo? Do alto?

Costumo contar a história da conversa que tive com um homem enquanto viajava de avião comercial. O homem sentou-se ao meu lado, e tudo o que me lembro dele pessoalmente é que era dentista. Ele falou comigo primeiro, observando que eu estava lendo um livro de C.S. Lewis, e perguntou: "Você nasceu de novo?". Eu era estudante de pós-graduação em teologia na época e não sei exatamente por que respondi daquela forma. Talvez eu estivesse receoso do que considerava uma interpretação excessivamente limitada de João 3:3, que diz na Nova Versão Padrão Revisada das Escrituras que, para ver o reino de Deus (isto é, ser salvo), é preciso "nascer do alto". Em outras traduções, o versículo às vezes diz "nascer de novo", e na popular versão King James (e outras traduções) das Escrituras, João 3:3 diz que é preciso "nascer de novo". Eu me perguntava se o homem estava me testando, exigindo que eu usasse uma frase de efeito aprovada para ser aceito em sua compreensão do que significa ser cristão.

Respondi dizendo que havia bebido "água viva". O homem pareceu um tanto confuso e repetiu a pergunta: "Você nasceu de novo?". Desta vez, respondi de forma um pouco diferente, dizendo que havia comido o "pão da vida". A essa altura, o homem estava desconcertado. Então, disse a ele que havia usado as analogias de Jesus para a salvação encontradas em João 4 ("água viva", v. 10) e João 6 ("pão da vida", v. 35), em vez da analogia do nascimento em João 3. Bem, o homem achou minha linha de raciocínio questionável e insistiu em falar sobre salvação como "nascer de novo". Disse que poderia concordar com sua terminologia, se ele aceitasse que as Escrituras contêm muitas maneiras de falar sobre salvação.

No final do voo, nos despedimos amigavelmente. O homem me deu seu cartão de visita e disse que rezaria por mim. Deu-me a impressão de que suas orações seriam mais pela minha salvação do que pela compreensão mútua ou pelo meu bem-estar.

Salvação

Para muitas pessoas, falar sobre a salvação do pecado e da morte e a promessa de vida eterna com Deus no céu — pela graça por meio da fé — representa o ápice da mensagem do evangelho de Jesus. No livro de Marcos, frequentemente considerado o mais antigo dos quatro Evangelhos escritos sobre Jesus, o primeiro capítulo diz: "Jesus veio para a Galileia, proclamando as boas novas de Deus e dizendo: 'O tempo está cumprido, e o reino de Deus está próximo; arrependei-vos e crede nas boas novas'" (Marcos 1:14-15). O que são essas boas novas? As boas novas, ou evangelho, vêm da palavra grega *euangelion* ("boas novas, boa história"), da qual também derivamos as palavras evangelho e evangélico. Os termos boas novas e evangelho podem ser usados indistintamente. Podem ser usados em referência geral à vida e aos ensinamentos de Jesus, ou a toda a Escritura. Também podem ser usados mais especificamente em referência a interpretações particulares da Escritura ou de tradições eclesiásticas subsequentes, que dão grande ênfase à provisão divina da salvação por meio de Jesus e à sua proclamação.

Para nossos propósitos, falarei sobre as boas novas de Jesus — o Cristo (grego, *christos*; hebraico, *mashiah* — 'ungido') — no contexto de João 3. Vejamos como João apresenta a compreensão de Jesus sobre a salvação conforme ela se desenrola em sua conversa com Nicodemos.

O que significa nascer do alto, de novo, outra vez?

Há diferentes interpretações da conversa de Jesus com Nicodemos, como seria de se esperar, visto que se trata de um ensinamento cristão tão crucial. Jesus disse a Nicodemos: "Em verdade, em verdade te digo: ninguém pode ver o Reino de Deus se não nascer de novo" (João 3:3). Jesus estava falando literalmente? Estava falando simbolicamente? Jesus estava sendo irônico? Ou João estava apresentando múltiplas imagens literárias para comunicar a salvação?

Nicodemos parece confuso com as palavras de Jesus, sem saber exatamente como entendê-las. É claro que, em outras partes do livro de João, mal-entendidos sobre as palavras de Jesus parecem ocorrer repetidamente (por exemplo, 2:19-21; 4:10-15, 31-38; 11:11-13). Então, Nicodemos responde literalmente, perguntando: "Como pode um homem nascer, sendo velho?" (João 3:4). Às vezes, ao interpretar as Escrituras, uma interpretação literal é a pior maneira possível de entendê-las! Essa afirmação parece chocante para alguns cristãos, visto que ingenuamente pensam que as interpretações literais são as mais factuais, piedosas e, portanto, desejáveis. Apesar dessa teoria, na prática, poucos cristãos utilizam uma abordagem continuamente literal para a interpretação bíblica. Caso contrário, como interpretariam parte da literatura sapiencial, salmos, hinos e poesias do Antigo Testamento? Por exemplo, como interpretariam Isaías 55:12: "Porque saireis com alegria e em paz sereis guiados; os montes e os outeiros romperão em cânticos diante de vós, e as árvores do campo baterão palmas"? Além disso, como interpretariam algumas das parábolas do Novo Testamento, pregações e ensinamentos hiperbólicos e literatura apocalíptica? Considere quando Jesus disse que, se o teu olho "te faz tropeçar, arranca-o e lança-o fora". Com que frequência você vê cristãos que se autocegam (Mateus 18:9)?

Jesus continua a conversar com Nicodemos sobre algumas ideias teológicas complexas. É evidente que Nicodemos não é estranho ao estudo da religião em sua própria comunidade judaica. Seu discurso envolve algumas palavras e termos que podem soar comuns aos cristãos modernos, mas desconcertantes para os não cristãos: água, espírito, carne, Filho do Homem. O termo "Filho do Homem" é uma forma como Jesus se referiu a si mesmo, destacando o fato de que Jesus era humano e, portanto, entendia a realidade que humanos como Nicodemos enfrentam. Mas, apesar de Jesus ser humano, ele constantemente aponta Nicodemos para as coisas espirituais. "O vento sopra onde quer, e ouves a sua voz, mas não sabes de onde vem nem para onde vai. Assim acontece com todo aquele que é nascido do Espírito", diz Jesus.

Mais adiante na conversa, Jesus começa a falar sobre a vida eterna. Ele traz isso à tona no contexto da história de Moisés e a serpente no deserto, que vem do livro de Números, no Antigo Testamento. Nessa história, Moisés acaba de liderar a nação de Israel para fora do Egito, onde eles haviam sido mantidos como escravos. Mas, uma vez que escaparam da terra do Egito, continuaram a lutar no deserto. Uma dessas histórias de luta envolve Moisés erguendo uma estatueta de cobra em uma vara diante do povo, como forma de curá-los (é dessa história que tiramos o logotipo comum da medicina, uma cobra enrolada em um poste). Embora os cristãos não necessariamente conheçam essa história tão bem quanto Nicodemos conhecia em sua época, podemos imaginar que ela tenha muito a ver com cura e resgate de provações e sofrimentos. Devemos ter essa associação com a cura quando Jesus começa a falar sobre a vida eterna.

Chegamos então ao clímax desta passagem — João 3:16: "Porque Deus amou o mundo de tal maneira que deu o seu Filho unigênito, para que todo aquele que nele crê não pereça, mas tenha a vida eterna." Por muitos anos, era comum nas chamadas edições com "letra vermelha" das Escrituras publicar essas palavras como tendo sido proferidas pelo próprio Jesus. No entanto, muitos estudiosos acreditam que o versículo contém as palavras de João, que narrou a história de Jesus e Nicodemos. Independentemente de quem proferiu as palavras, muitos cristãos consideram João 3:16 como a representação do "evangelho em poucas palavras".

Palavras de Jesus

Em relação às edições da Bíblia que contêm letras vermelhas para as supostas palavras de Jesus, em que sentido conhecemos as palavras literais de Jesus? Sabemos que o Novo Testamento original foi escrito em grego *koiné*, mas Jesus provavelmente falava aramaico — a língua comum do antigo mundo semítico. Estudiosos inferem esse uso da língua devido a palavras ocasionais ditas por Jesus que são registradas nas Escrituras em aramaico, sem tradução para o grego. É claro que Jesus provavelmente lia e falava hebraico, que era a língua judaica histórica. Portanto, as palavras de Jesus provavelmente foram traduzidas primeiro do aramaico ou hebraico para o grego e, em seguida, do grego para o inglês (ou outras línguas).

Além disso, os quatro Evangelhos sobre a vida e os ensinamentos de Jesus foram provavelmente escritos, de acordo com evidências históricas, até trinta a sessenta anos após o tempo do ministério público de Jesus. Os estudiosos variam em relação ao grau de precisão com que os escritores dos Evangelhos relataram as palavras de Jesus. Às vezes, uma distinção é feita entre "a própria voz" (Lat., *ipsissima vox*) de Jesus, vis-à-vis, "as próprias palavras" (Lat., *ipsissima verba*). É mais provável que os Evangelhos contenham principalmente a "própria voz" de Jesus, uma vez que os Evangelhos foram escritos décadas depois, em uma língua diferente da usada por

Jesus. Algumas das palavras de Jesus podem ter sido escritas palavra por palavra; no entanto, os cristãos acreditam que o Espírito Santo de Deus pode transmitir significado em ambas as direções. Consequentemente, a conversa entre Jesus e Nicodemos foi provavelmente um resumo dos principais comentários feitos, em vez da totalidade de sua conversa palavra por palavra.

Essa observação histórica fornece uma distinção útil, especialmente devido às diferentes palavras atribuídas a Jesus em relatos paralelos dos Evangelhos. Mesmo que algumas das palavras de Jesus fossem precisamente lembradas pelos escritores dos Evangelhos, seu significado ainda enfrentaria o desafio de ser traduzido para vários idiomas — primeiro para o grego e depois para o inglês (ou outras línguas modernas). Embora não tenhamos as palavras exatas de Jesus, acreditamos que as Escrituras contêm a essência das palavras de Jesus — em outras palavras, a "própria voz" de Deus.

Em geral, os cristãos acreditam que as Escrituras são "inspiradas" por Deus, literalmente "sopradas por Deus" (2 Timóteo 3:16-17), escritas por pessoas movidas pelo Espírito Santo (2 Pedro 1:20-21). Como tal, as Escrituras têm sido amplamente consideradas a principal autoridade religiosa para as crenças, valores e práticas cristãs. Sua autoridade é uma questão de fé, assim como outras afirmações sobre Deus, a salvação e uma vida virtuosa. Mais informações serão abordadas sobre a natureza e a extensão da autoridade das Escrituras no Capítulo 15.

Coração de João 3:16

O mais importante é o conteúdo de João 3:16 — o cerne da salvação. O versículo fala sobre o amor de Deus, sobre o sacrifício de Deus em favor da humanidade e sobre a vida eterna disponível para aqueles que creem. Essa salvação não é uma questão de ação humana (ou "obras"). Ela ocorre pela graça, por meio da fé; não se trata de ganhar a salvação por merecê-la por meio de boas obras (Efésios 2:8-9). A palavra graça significa essencialmente um dom concedido gratuitamente, que possibilita a fé salvadora. A salvação é um dom de Deus: é iniciada pela graça divina, sustentada pela graça divina e completada pela graça divina. No entanto, as pessoas não são passivas ao receber a salvação; elas devem decidir crer em Jesus e em seus ensinamentos.

Em geral, os cristãos tendem a se inclinar para uma de duas abordagens à graça. A primeira é como a graça atua prevenientemente na vida das pessoas. A graça preveniente é definida como capacitação ou empoderamento divino, que auxilia as pessoas em sua decisão de aceitar ou rejeitar o dom da salvação de Deus. É como se Deus estendesse às pessoas o dom da salvação na palma da Sua mão. Deus convida as pessoas a receber o dom, e Deus as ajudará a aceitá-lo. No entanto, Deus quer que elas decidam se querem ter algo a ver com Deus e com a Sua salvação.

Ao longo da história da Igreja, os cristãos têm divergido em sua compreensão do papel de Deus na salvação. Por um lado, Deus graciosamente provê a salvação; por outro, acredita-se que as pessoas compartilham a responsabilidade por ela. Todos os cristãos concordam que, em última análise, é somente Deus quem pode prover a salvação das pessoas. No entanto, os cristãos também concordam que as pessoas têm alguma responsabilidade por crer e, talvez, também por se arrepender, ser batizadas e receber o dom da salvação. As diferenças na crença cristã entre as igrejas têm a ver com o grau em que se acredita que as pessoas têm responsabilidade por responder, especialmente por crer em Jesus para sua salvação.

Nenhum cristão (ou muito poucos) acredita que os cristãos sejam recipientes totalmente passivos da salvação, sem qualquer responsabilidade em receber o dom divino da vida eterna. Da mesma forma, nenhum cristão (ou muito poucos) acredita que as pessoas devam ganhar ou merecer sua salvação, usando apenas habilidades naturais. A esmagadora maioria dos cristãos se situa em algum ponto no continuum entre o dom divino e a ação das pessoas. Até mesmo a fé das pessoas é considerada auxiliada pela graça, por meio da graça preveniente ou capacitadora. Em outras palavras, a fé é apenas a primeira resposta em uma cadeia de eventos que se torna possível pela graça para aceitar o dom divino da vida eterna.

A segunda abordagem à graça dá mais ênfase à obra eficaz, ou irresistível, da graça divina. Essa visão enfatiza a soberania de Deus e o papel imperioso de Deus, em vez do papel responsável de tomada de decisões das pessoas. Dessa perspectiva, devemos dar toda a glória a Deus, dizendo que não fizemos nada. As pessoas ainda têm fé, é claro, mas sua fé é determinada pela eleição (ou decreto) de Deus de que serão salvas. Pode-se dizer que sua fé é compatível com a eleição de Deus, mas não há nenhuma condição da parte delas que garanta a salvação. Usando a analogia de Deus estendendo às pessoas o dom da salvação na palma da mão de Deus, as pessoas de fato a recebem porque Deus direciona suas mãos para isso. É glorioso que Deus salve tais pessoas, embora elas não pudessem resistir à eleição de Deus. Em teoria — isto é, teologicamente falando — essa visão da graça divina é muito atraente, visto que coloca toda a responsabilidade sobre Deus e nenhuma responsabilidade sobre as pessoas. Afinal, as pessoas não são finitas? Não são eles pecaminosamente depravados e incapazes de fazer qualquer coisa que leve à salvação? Os crentes dizem piedosamente: Deus fez tudo, eu não fiz nada! Na prática, porém, os cristãos agem como se suas decisões fizessem a diferença e como se não fossem totalmente passivos em seu relacionamento com Deus.

Certamente, existem mistérios envolvidos na compreensão dos caminhos de Deus, incluindo como Deus concede às pessoas a vida eterna. Essas distinções teológicas são tão importantes que serão discutidas repetidamente neste livro, visto que as pessoas perguntam continuamente o que Deus espera delas, assim como também perguntam o que podem esperar de Deus. Em particular, o papel de Deus para a salvação e o papel das pessoas serão discutidos no Capítulo 16.

Comentários finais

A bendita esperança que as pessoas têm é a promessa da vida eterna — da salvação — por meio da fé em Jesus Cristo, da participação na vida de Jesus e em sua ressurreição. Essa salvação não vem por meio de obras, méritos ou dignidade de nossa parte. Pelo contrário, a maioria das pessoas tem plena consciência de suas deficiências, dos maus-tratos aos outros, dos maus-tratos a si mesmas — de seus pecados, de sua separação de Deus e de sua necessidade de cura.

João 3:16 nos fala sobre as boas novas da salvação. Precisamos crer em Jesus e em sua provisão para a vida eterna. Todos são bem-vindos a crer! Todos são bem-vindos a receber o presente divino da salvação. Todos são bem-vindos a participar da maior esperança imaginável, pela qual Deus quer nos abençoar aqui e agora, bem como por toda a eternidade.

Capítulo 3
Sem Condenação

Quando comecei o ensino médio, frequentei uma escola dominical para adolescentes na igreja. Um leigo chamado Mike se ofereceu para dar aula, mesmo com os filhos no ensino fundamental. No primeiro dia de aula, Mike disse que podíamos fazer qualquer pergunta. Não importava o que perguntássemos! "Sério?", pensei, em dúvida.

Mike disse que poderíamos perguntar sobre questões contemporâneas, bem como questões religiosas. Poderíamos perguntar sobre temas tabu que a igreja geralmente evitava, como sexo, álcool e guerra. Na época, a Guerra do Vietnã estava no auge, o que incluía o recrutamento de jovens como alguns (e logo eu) da turma. Foi uma época assustadora! Mike até disse que poderíamos conversar sobre pontos de vista contrários à doutrina e às políticas da igreja. Ele faria o possível para responder. Não haveria condenação sobre as perguntas que fizéssemos. Mike disse que, se os cristãos não podem fazer perguntas e se a igreja não está disposta a discuti-las, então para que serve a igreja? Para que serve o cristianismo? Embora Mike não tivesse formação teológica, ele estudava as Escrituras com dedicação. Mike disse que encontraria respostas, mesmo que elas não fossem completas, ou talvez satisfatórias, para nós.

Para mim, a aula foi instrutiva, libertadora e satisfez uma necessidade profunda! Isso também se aplicava aos outros alunos da turma. Eu certamente estava em um estágio de formação na minha vida — intelectual, emocional, relacional e espiritual. Assim, fui atraído pela atmosfera aberta e sem julgamentos da classe da Escola Dominical. Os alunos faziam perguntas: Muitas perguntas! Perguntas instigantes! Perguntas difíceis! Para ser sincero, a maioria das perguntas era feita pelos rapazes e moças mais velhos, especialmente aqueles mais próximos da idade de alistamento militar. Mas eu esperava ansiosamente pela aula semanal, pois sabia que questões sérias e da vida real seriam discutidas.

É claro que nem todos na turma reagiram tão bem ao formato quanto eu. Alguns membros não queriam fazer perguntas difíceis.

Achavam-nas ameaçadoras, possivelmente anticristãs. Mike não recuou diante dos membros da turma. Mas quando os membros da turma reclamaram com seus pais, que então reclamaram com o pastor sênior, limites foram impostos a Mike e à turma. Na turma, a maioria protestou, e nós compartilhamos esses protestos com nossos pais! No entanto, a liderança da igreja — tanto a pastoral quanto a leiga — se sentia desconfortável com a liberdade que Mike dava aos adolescentes da turma. Mas os limites impostos pela liderança da igreja não impediram totalmente que a aula fosse uma experiência transformadora e fortalecedora em minha vida.

Nenhuma condenação?

O versículo seguinte a João 3:16 diz: "De fato, Deus enviou o Filho ao mundo, não para que condenasse o mundo, mas para que o mundo fosse salvo por ele" (v. 17). A missão de Jesus não era condenar as pessoas. Sua missão era trazer salvação a elas, reconciliá-las com Deus, aliviar sua culpa, iniciar o processo de cura para restaurar as pessoas à imagem de Deus, fornecer um modelo de como viver vidas justas e santas e superar os efeitos temporais da morte e das forças demoníacas.

Você já se sentiu condenado ou julgado por alguém? Não é uma sensação agradável. As pessoas podem ser tão insensíveis e ofensivas. Palavras machucam, apesar dos clichês que dizem o contrário! Elas te julgam pela sua aparência, pelo seu jeito de falar ou pelo quão inteligente (ou burro) você é. Não somos perfeitos, obviamente. Mas parece que somos condenados com mais frequência do que aceitos ou apreciados pelos outros.

Quando as pessoas pensam em Jesus, a condenação não deve ser a primeira coisa que lhes vem à mente. Infelizmente, nem sempre é assim, não por causa de Jesus, mas principalmente por causa de como cristãos e igrejas o representam, no que dizem e fazem. Certamente, surgiram algumas teologias que retratam Jesus como alguém distante, inacessível, crítico e condenatório. Talvez o mais preocupante seja que as ações de cristãos e igrejas tenham gerado mais má fama, ressentimento e ódio declarado a Jesus, novamente não por causa dele, mas por causa de como seus seguidores deturparam Jesus e o Evangelho.

Justiça e Julgamento
Isso significa que Deus não julga as pessoas, que não há justiça — agora ou no futuro? Não, não é o caso. Nos versículos subsequentes, João 3 lembra aos leitores que o julgamento virá e que a condenação será justa. A maioria das pessoas deseja justiça, mesmo que ela não ocorra nesta vida. Quem quer que a injustiça fique impune?

Em última análise, o julgamento e a condenação das pessoas se devem à sua descrença em Deus, às suas más ações e ao encobrimento de suas respostas pecaminosas a Deus (João 3:18-20). Lembre-se de que Deus enfatiza a justiça, bem como a justificação — tratamento equitativo (isto é, justo) nesta vida, bem como misericórdia (isto é, justificação) para a vida eterna.

Sem entrar em uma discussão sobre as muitas maneiras pelas quais as pessoas entendem a justiça (por exemplo, justiça retributiva, justiça restaurativa e assim por diante), tanto o Antigo quanto o Novo Testamento falam sobre a importância da justiça. As Escrituras deixam claro que a justiça importa para Deus, bem como para a maneira como os cristãos devem agir com justiça e amor para com os outros. Embora Deus se importe com a justiça e julgue as pessoas com justiça, a missão de Jesus era proporcionar a todas as pessoas a oportunidade de salvação, de perdão dos pecados e de reconciliação com Deus, e não impedir a redenção das pessoas por meio da condenação.

Parte do problema em reconhecer a missão não condenatória de Jesus tem a ver com a forma como as pessoas, incluindo os cristãos, concebem o cristianismo. Muitas vezes, as pessoas têm uma visão despersonalizada das crenças cristãs, o que implica uma compreensão de Deus baseada em proposições. Além disso, elas deveriam considerar uma visão mais dinâmica e *personalizada* delas, o que implica uma compreensão de Deus baseada em relacionamentos. Harold Englund falou sobre essa distinção em sua discussão sobre o cristianismo. A partir de uma visão despersonalizada das crenças cristãs, as pessoas pensam em (1) pecado como a quebra de uma lei, (2) arrependimento como admissão da transgressão, (3) fé como a aceitação de proposições (por exemplo, declarações doutrinárias) e (4) a vida cristã como obediência às leis de Deus. Embora certamente haja precedente bíblico para essa visão, ela representa apenas parcialmente Jesus e o evangelho. De uma perspectiva personalizada das crenças cristãs, as pessoas pensam mais em (1) pecado como traição de um relacionamento, (2) arrependimento como confissão, juntamente com a tristeza pela traição e a resolução de renovar a comunhão, (3) fé como confiança em Deus e (4) a vida cristã como agradar a Deus, com quem você se relaciona pessoalmente. Há também muitos precedentes bíblicos para essa perspectiva personalizada.

Uma visão despersonalizada das crenças cristãs é deficiente se separada da visão personalizada. Da mesma forma, uma visão personalizada é deficiente se separada da visão despersonalizada. Não se trata de um impasse "ou/ou"; em vez disso, é uma solução "ambos/e". Ambas as visões ajudam a proporcionar uma compreensão mais completa de Deus e das Escrituras.

As pessoas podem ficar confusas sobre Jesus e o cristianismo, ou simplesmente enojadas com eles, não necessariamente por causa de quem Jesus e os cristãos são, mas por causa das caricaturas que eles têm. Pode ser um problema do que chamo de pensamento "ou/ou", tentando entender o mundo, e talvez Deus, com maneiras simples de organizar o que pensam. Até certo ponto, isso é esperado, visto que o mundo é complexo demais para compreender tudo sobre ele. Precisamos de categorias úteis para organizar e rotular um mundo em constante mudança. Mas categorizações do tipo "ou/ou" podem nos impedir de pensar com sucesso, bem como de viver com sucesso. Precisamos ampliar nossa compreensão. Certamente, essa abordagem ampliada para o aprendizado pode ser desafiadora e, às vezes, assustadora, mas é uma questão de amadurecimento. Se quisermos nos tornar adultos, tanto em nosso pensamento quanto em nossa compreensão religiosa, precisamos ir além da rotulação simplista. Como disse Richard Foster, a exortação bíblica para ter uma fé simples e infantil não significa ser simplista (ver Mateus 18:3).

Culpa e Vergonha

Jesus falou sobre a culpa do pecado, isto é, a culpabilidade por pensamentos, palavras e ações pecaminosas. Se as pessoas são culpadas de pecado, então precisam se arrepender. Deus perdoa graciosamente os pecados das pessoas, e de fato Jesus veio para expiar seus pecados por meio de sua morte e ressurreição. As Escrituras falam claramente: O estado de pecado é uma condição terrível, na qual a consciência é perfurada e a tristeza e o arrependimento ocorrem com razão. Assim, se alguém comete pecado, pode-se esperar o tortuoso sentimento de culpa. Talvez você já tenha sentido isso em sua própria vida. Não é uma sensação boa saber que fez algo errado ou que maltratou alguém. Você pode não estar familiarizado ou confortável com a terminologia do pecado, mas provavelmente sabe como é se sentir culpado. É o sentimento inescapável que você tem quando faz algo errado!

Vergonha não é o mesmo que culpa. Podem ocorrer simultaneamente, mas não são a mesma coisa. A vergonha tem mais a ver com sentimentos de não atingir as próprias expectativas ou com o constrangimento social que uma pessoa pode ter. Assim, as pessoas podem sentir vergonha dos pecados que cometeram. Mas o sentimento de vergonha é diferente do sentimento de culpa, embora os dois possam ser confundidos.

Há muitas razões pelas quais as pessoas podem sentir vergonha, e às vezes isso tem a ver com coisas sobre as quais não têm controle. Na sociedade, as pessoas às vezes sentem vergonha por serem pobres, sem educação ou por "viverem na periferia". Outras podem sentir vergonha por causa de sua raça, etnia, sexo, afiliação de gênero, orientação sexual, capacidade linguística, nacionalidade ou afiliação religiosa. Infelizmente, as pessoas podem confundir essas experiências de vergonha com culpa, o que não é correto. Elas se sentem mal, mas não por culpa própria! No entanto, podem sofrer, sentindo-se merecedoras de algum tipo de condenação.

As igrejas ajudam as pessoas a superar os efeitos debilitantes da vergonha? Gostaria que sim. Os cristãos podem ser tão sarcásticos, condenatórios e excludentes quanto qualquer um. As igrejas e os cristãos nelas presentes podem, na verdade, promover os efeitos da vergonha, culpando as pessoas de forma simplista (de forma egoísta) por sua altura (ou baixa estatura), por sua pobreza, por sua identidade racial, por sua capacidade linguística (ou incapacidade), por sua idade, ou seja lá o que for, quando, na verdade, as pessoas não têm culpa de nada.

Consideremos um exemplo: a pobreza. Existem versículos bíblicos que você pode encontrar sobre a importância do trabalho árduo para o sucesso e como a preguiça pode levar à pobreza (por exemplo, Provérbios 10:4, 14:23-24). Mas qualquer pessoa com bom senso sabe que nem toda pobreza é autoimposta. As pessoas podem sofrer empobrecimento devido à situação econômica em que nasceram, aos preconceitos sociais contra sua suposta classe (incluindo raça ou etnia), às doenças hereditárias que possuem e a acidentes ou infortúnios trágicos sobre os quais não tinham controle. Tais situações deixam as pessoas empobrecidas financeiramente e de outras maneiras também. É digno de nota que, nas Escrituras, as pessoas às vezes questionavam por que certas pessoas eram pobres, doentes ou possuídas por demônios. Em outras palavras, elas mereciam isso? No entanto, Jesus não fez tais perguntas. Ele cuidou dos pobres, curou os doentes e expulsou demônios, independentemente de os aflitos serem ou não responsáveis por seu empobrecimento específico.

Hoje em dia, as pessoas devem distinguir entre culpa e vergonha, para não sofrerem desnecessariamente por confundirem as duas. Se as pessoas são culpadas de pecado, então elas devem, com razão, se sentir mal. E precisam se arrepender. No entanto, se sofrem de vergonha, precisam perceber que a solução para o seu sofrimento não é o arrependimento, especialmente o arrependimento sem motivo justificável. Em vez do arrependimento, elas podem precisar mudar suas atitudes, talvez precisando do encorajamento de um amigo ou conselheiro. Mas elas devem ser encorajadas a não continuar com um sentimento errôneo de culpa. Além disso, espero que cristãos e igrejas ajudem as pessoas a escapar dessa armadilha da vergonha mal diagnosticada, em vez de jogar sal nas feridas da vergonha que as pessoas sofrem indevidamente.

Analogia entre pais e filhos

Uma analogia comum que Jesus e outros nas Escrituras usaram para falar sobre o relacionamento de Deus com as pessoas é a de um pai e filho — de um pai e filho, ou de uma mãe e filho. Jesus frequentemente falava sobre seu Pai celestial, seu *Abba,* que era um termo aramaico para intimidade filial. Usando essa analogia, podemos entender melhor a declaração de João de que Jesus não veio para condenar. As Escrituras dizem que Deus enviou Jesus para ministrar às pessoas, para salvá-las e conduzi-las à vida abundante, tanto agora quanto pela eternidade. Como um pai, Deus não quer condenar as pessoas — os filhos de Deus. Mas, às vezes, um pai disciplina os filhos para que eles cresçam em maior maturidade, naquilo que as Escrituras chamam de semelhança com Cristo.

Quando meus filhos eram pequenos, havia tarefas familiares para cada um deles, que eu afixava na geladeira da cozinha. Tenho três filhas e, se eu pegasse uma delas evitando deliberadamente suas tarefas, haveria consequências. Não bastaria que minha filha confessasse. Como valorizo uma compreensão personalizada das crenças cristãs, admitir a culpa por si só não basta, pois as pessoas podem ser forçadas a confessar quando são pegas. Em vez disso, eu queria que minha filha lamentasse a traição pessoal de sua transgressão e prometesse não deixar de fazer suas tarefas novamente. Como pai, eu poderia condenar minha filha e puni-la, e às vezes fiz isso com minhas filhas. Eu também poderia renunciar à condenação e ao castigo de minha filha, e às vezes o fiz. Da mesma forma, quando se trata da salvação da humanidade, Deus providenciou, por meio da vida, morte e ressurreição de Jesus, que a misericórdia fosse dada às pessoas que, pela fé, receberiam o perdão de Deus.

Muitas vezes, os pais são mais compreensivos e receptivos com os filhos do que outras pessoas os aceitam. Essa graciosidade é análoga à forma como Deus se relaciona conosco — conosco, que somos imperfeitos, conosco, que talvez não sejamos bons o suficiente, dóceis o suficiente, íntegros o suficiente ou politicamente corretos (ou incorretos) o suficiente.

As igrejas fariam bem em se tornarem mais acolhedoras do que excludentes, especialmente aquelas que são de alguma forma diferentes e, talvez, condenadas pela sociedade. Como família de Deus, as igrejas podem ser hospitaleiras com aqueles que a sociedade ostraciza, muitas vezes desejando que simplesmente desapareçam. No entanto, as Escrituras nos lembram que Deus ama a todos. A todos. A todos! Deus nunca desiste de nós, então por que as igrejas desistiriam "do menor destes" (Mateus 25:40)?

Comentários finais

Como frequentadora da escola dominical na adolescência, eu apreciava e me beneficiava muito de um ambiente em que não me sentia julgada ou condenada por ter uma dúvida. Não importava se minha pergunta era boba ou por ignorância. Minha professora considerava minha pergunta e tentava respondê-la com empatia, além de base bíblica e bom senso. Minha filha Dana tem sido uma defensora especialmente dedicada da importância da empatia, e acho que ela tem toda a razão!

    Jesus não veio para condenar as pessoas, mas para salvá-las. Se pensarmos em Jesus como uma pessoa má e vingativa, não importa o motivo, então perdemos o sentido da sua missão. Jesus veio para salvar, perdoar, acolher e dar às pessoas uma nova chance de receber todas as bênçãos que Deus deseja que tenhamos, tanto para a vida agora quanto para a eternidade.

Parte Dois
"Porque Deus amou de tal maneira"

Capítulo 4
Sim, Deus existe

Quando eu estava na faculdade, um amigo queria debater comigo sobre a existência de Deus. Eu não sabia bem o que dizer. Então, perguntei se poderia convidar um conhecido meu, chamado Dan, que trabalhava em um ministério universitário, para participar da conversa. Meu amigo concordou.

Dan veio e discutiu com meu amigo por mais de uma hora sobre argumentos a favor da existência de Deus. Na minha opinião, a conversa foi um fiasco. Meu amigo não se convenceu. É claro que questionei se ele jamais poderia ter se convencido. Dan, o cara do ministério universitário, parecia satisfeito consigo mesmo, acreditando ter "defendido a fé". Mas a que custo?

Em certo momento da minha juventude, duvidei da existência de Deus. Não era uma sensação agradável. Na verdade, foi um ponto baixo para o meu bem-estar espiritual e intelectual. Lembro-me de estar sentado no meu apartamento, desesperado com a futilidade da vida. Eu me sentia sobrecarregado, com poucas perspectivas de felicidade. Ironicamente, foi um professor de filosofia judeu quem mais me ajudou, indicando-me a literatura cristã, o que me permitiu decidir sobre as questões-chave que eu tinha sobre Deus.

Ao longo da minha vida, participei de muitas discussões sobre a existência de Deus. Em minha opinião, as discussões se tornaram ainda mais complexas ao considerar os desafios das críticas pós-modernas e modernas aos argumentos cristãos históricos a favor da existência de Deus. Cada vez mais, cheguei à conclusão de que tais argumentos não provam a existência (ou a não existência) de Deus. Eles podem ser maneiras úteis para os cristãos falarem sobre sua crença em Deus, mas a questão fundamental é que ela ainda é uma crença — não uma inferência racional ou empírica.

Eu ainda falo sobre argumentos a favor da existência de Deus, e falarei sobre eles longamente com pessoas interessadas no assunto. No entanto, não uso esses argumentos para convencer as pessoas de que Deus existe. Essa é a função de Deus, na minha opinião! Se as pessoas não acreditam em Deus, provavelmente isso tem mais a ver com suas dúvidas éticas ou apatia espiritual do que com impedimentos intelectuais.

As Escrituras não parecem tão preocupadas com argumentos a favor da existência de Deus. Tais argumentos podem ser extraídos das Escrituras, mas convencer as pessoas sobre a existência de Deus parece ter mais a ver com a iniciativa graciosa de Deus. Mais precisamente, tem a ver com a atuação do Espírito Santo de Deus, e não com os méritos da apologética cristã.

Deus existe

Sim, eu acredito que Deus existe. Acredito ainda que o conhecimento de Deus, isto é, pelo menos o conhecimento salvador de Deus, não ocorre por causa da argumentação humana, mas pela ação graciosa de Deus na vida das pessoas. Portanto, estou interessado em argumentos a favor da existência de Deus, mas não com o objetivo de persuadir alguém a se converter ao cristianismo. O conhecimento de tais argumentos me ajuda a entender melhor as Escrituras e a expressar em palavras minhas crenças sobre Deus.

Pessoas que viveram nos tempos bíblicos estavam cientes dos argumentos contra a existência de Deus. Havia animistas, politeístas, henoteístas, monistas, céticos e ateus. Portanto, não devemos pensar presunçosamente que os autores das Escrituras desconheciam ou não se preocupavam com a forma como as pessoas entendiam a existência de Deus.

Ao longo da história, surgiram argumentos contra a existência de Deus. Mais recentemente, defensores ateus desafiaram a lógica ou a evidência da existência de Deus, defendendo rejeições naturalistas do teísmo. Por exemplo, Ludwig Feuerbach argumentou que Deus é uma projeção sociológica de pessoas que se sentem inadequadas. Karl Marx argumentou que Deus é uma projeção político-econômica de pessoas que se sentem empobrecidas. Sigmund Freud argumentou que Deus é uma projeção psicanalítica do subconsciente das pessoas. Mais recentemente, a argumentação científica tem sido usada para denunciar o teísmo. Tais denúncias ateístas dependem da crença de que a ciência, em última análise, responderá a todas as perguntas que as pessoas têm. No entanto, a ciência ainda não respondeu a todas elas! Assim, uma cosmovisão científica é tão dependente da crença quanto uma cosmovisão religiosa.

Como cosmovisão, a ciência (ou cientificismo) requer tanta crença quanto o teísmo, embora os cientistas utilizem a linguagem de pressupostos, postulados e axiomas, em vez da fé. Argumentos a favor da existência de Deus fazem tanto sentido racional e empiricamente quanto uma cosmovisão ateísta, se buscarmos legitimação racional e empírica para nossa argumentação. Mas os cristãos argumentam que sua cosmovisão se baseia em mais do que argumentação racional e empírica. Ela também se baseia na atuação graciosa de Deus em e por meio de suas vidas. Essa atuação não remove totalmente a discussão teísta da lógica e de critérios baseados em evidências, mas a afirmação da existência de Deus não pode ser reduzida a eles.

Argumentos Históricos

Existem vários tipos de argumentos históricos a favor da existência de Deus, e eles têm sido considerados fundamentais para a apologética cristã. A apologética trata da defesa das crenças, valores e práticas cristãs, comumente recorrendo à filosofia e às ciências para defender o cristianismo. Vejamos alguns dos argumentos históricos a favor da existência de Deus.

No século XI, Anselmo desenvolveu o argumento ontológico, isto é, o argumento a favor da existência de Deus baseado na argumentação racional. Ele argumentou que a crença em Deus faz sentido lógico e que é preciso um salto de fé ainda maior para sustentar logicamente que Deus não existe. Afinal, faz sentido pensar que a ideia de Deus — a maior ideia concebível — existe na realidade, e não apenas na imaginação.

No século XIV, Tomás de Aquino defendeu argumentos cosmológicos, isto é, argumentos baseados em evidências do mundo empírico. Por exemplo, Tomás argumentou que, no mundo, deve haver uma causa primeira, ou um motor imóvel, para explicar os fenômenos físicos. Se algo se move, afinal, então algo ou alguém deve tê-lo movido!

O argumento teleológico foi o argumento mais proeminente de Tomás, que basicamente afirma que o mundo é complexo demais para ter se desenvolvido por acaso. Como fenômenos complexos como globos oculares, sistemas circulatórios e reprodução sexuada poderiam ter se desenvolvido por acaso? Em vez disso, deve ter havido um projetista, ou seja, Deus, que criou pessoas, animais e plantas complexos demais para serem explicados pelo desenvolvimento aleatório. O argumento teleológico – às vezes chamado de argumento do design inteligente – é provavelmente a forma mais comum de os cristãos argumentarem a favor da existência de Deus.

A teoria da evolução de Charles Darwin forneceu uma descrição científica das mudanças biológicas nas espécies, mas ele não especulou sobre a origem da vida em si. Ainda assim, a teoria de Darwin continua sendo uma das teorias alternativas mais conhecidas para o desenvolvimento biológico da vida, suplantando a necessidade de teorizar a existência de Deus, que projetou as complexidades de pessoas, animais e plantas.

Variações do argumento teleológico para a existência de Deus incluem quase qualquer argumento que exija uma explicação sobrenatural (ou supranatural, preternatural). Por exemplo, apelos à experiência religiosa, respostas a orações, milagres e a onipresença da moralidade exigem que Deus sustente esses fenômenos tão disseminados. É claro que a maioria das religiões do mundo alega ocorrências sobrenaturais semelhantes. Portanto, novamente, a afirmação cristã da existência de Deus depende, em última análise, da fé, e não de provas racionais ou factuais.

Conheço cristãos que não conseguem imaginar como outras pessoas não acreditam que Deus existe. Dirão, por exemplo, que sentiram Deus, tiveram orações atendidas e talvez tenham vivenciado milagres. Como alguém poderia negar a existência de Deus dessa forma? Embora os cristãos possam genuinamente experimentar Deus dessas maneiras, sua experiência não é a mesma que a de outras pessoas. Os cristãos não podem presumir que seu caminho para Deus será o mesmo que o dos outros.

E quanto às Escrituras?

Para alguns cristãos, "a Escritura diz. Eu creio. Isso resolve tudo". Se a Escritura fala sobre a existência de Deus, então em que outra autoridade religiosa se deve confiar? No entanto, o tema da autoridade religiosa é mais complexo, independentemente de se saber ou não sobre ela. Nas palavras da Escritura, a fonte da autoridade religiosa reside, em última análise, em Deus. Mas, neste mundo complexo, a que outras autoridades as pessoas podem recorrer com segurança?

Para muitos cristãos, as Escrituras representam o fundamento racional e empírico que legitima todas as outras alegações de verdade — verdade religiosa e secular. Mas sua alegação de certeza se baseia na lógica modernista. Ou seja, na busca por certeza, o pensamento modernista apela a evidências racionais e empíricas para sustentar as crenças, os valores e as práticas das pessoas. É reconfortante apelar a argumentos racionais e empíricos para defender as Escrituras, mas minimiza a confiança em Deus e no relacionamento das pessoas com o Espírito de Deus agindo nelas e por meio delas. Hoje em dia, os cristãos podem sentir consolo intelectual em apelar a argumentos modernistas para certificar suas alegações religiosas, por exemplo, sobre a verdade das Escrituras. No entanto, os cristãos não convenceram um mundo cada vez mais secular, que não aceita as Escrituras como uma autoridade racional ou empiricamente confiável.

Quando Jesus viveu, as pessoas se maravilhavam com sua autoridade. Ele falava em contraste com os líderes religiosos que regularmente apelavam a outras autoridades em suas proclamações (por exemplo, Marcos 1:22; Mateus 7:29). Jesus então concedeu autoridade aos seus discípulos para o ministério e para liderar a igreja (por exemplo, Marcos 6:7; Mateus 10:1; Lucas 9:1). A autoridade deles no livro de Atos foi modificada quando o concílio em Jerusalém decidiu os debates entre os primeiros cristãos (Atos 15). Notavelmente, o concílio foi supervisionado por Tiago, um ancião, e não pelos discípulos (Atos 15:13-21).

Durante os quinze séculos seguintes, a autoridade religiosa residiu principalmente na liderança das igrejas, tanto do Oriente quanto do Ocidente. A liderança decidia sobre o conteúdo dos primeiros credos e sobre o cânone do Novo e do Antigo Testamento. Assim, tanto cronológica quanto logicamente, a liderança das igrejas, incluindo as tradições acumuladas por meio de seus concílios e decisões magistrais, representava a principal autoridade religiosa dos cristãos. Esses grupos de cristãos reuniram escritos judaicos (Escrituras Hebraicas) e escritos sobre Jesus (Escrituras Cristãs) e criaram um cânone bíblico, ou compilação padrão de escritos sagrados. Esta é a Bíblia como a conhecemos hoje. A partir de então, as Escrituras canônicas tornaram-se cada vez mais autoritativas, mas a liderança das igrejas determinava sua interpretação adequada.

Durante a Reforma Protestante, Martinho Lutero argumentou que a liderança da Igreja Católica — o principal ramo ocidental do cristianismo — havia se corrompido e suas tradições não eram mais confiáveis. Em vez disso, Lutero apelou para as Escrituras como a única autoridade religiosa para os cristãos. O slogan *"sola Scriptura"* (latim: "somente a Escritura") tornou-se determinante na Europa Continental para a compreensão dos protestantes sobre as crenças, valores e práticas cristãs.

Desenvolvimento da Autoridade Religiosa
A Reforma também ocorreu na Grã-Bretanha com o estabelecimento da Igreja da Inglaterra, ou Igreja Anglicana. Ao contrário de Lutero e da Reforma Continental, os anglicanos queriam traçar uma *via media* (latim: "meio termo") entre as tradições do catolicismo e a ênfase protestante apenas nas Escrituras. Parecia simplista apelar apenas à autoridade da Igreja ou às Escrituras. Em vez disso, os anglicanos afirmavam a primazia da autoridade bíblica, juntamente com as autoridades religiosas secundárias, embora genuínas, da tradição e da razão da Igreja. A razão era considerada um dom divino, pelo qual as pessoas podiam discernir entre outras autoridades religiosas concorrentes. Portanto, Escritura, tradição e razão representavam um "banco de três pernas", por assim dizer, no qual a tomada de decisões cristãs ocorre melhor.
Durante o Iluminismo, avivamentos pietistas eclodiram na Europa e nas colônias americanas. Eles enfatizaram a dimensão experiencial da conversão e da vida cristã, que acreditavam ser bíblica, mas que havia sido ignorada. Revivalistas como John Wesley enfatizaram a necessidade de reconhecer a experiência, juntamente com a tradição e a razão, como autoridades religiosas genuínas, que funcionavam de forma interdependente com as Escrituras — a autoridade religiosa primária. Metodistas posteriores se referiram a essa compreensão quádrupla da autoridade religiosa como o "quadrilátero wesleyano", incluindo Escritura, tradição, razão e experiência. No entanto, a Escritura sempre foi a autoridade principal. No entanto, Wesley reconheceu que a tradição, a razão e a experiência impactam nossas visões das Escrituras. Foi bom saber disso!
O reconhecimento do papel da experiência na epistemologia humana tem sido crucial para o diálogo contemporâneo entre

cristãos e não cristãos. Em que medida nosso conhecimento é influenciado por nossa experiência, isto é, por nosso contexto, por exemplo, por nossa situação sociocultural específica? Em que medida nossa educação pessoal ou nossa formação ética, política e econômica influenciam o que afirmamos ser verdadeiro? Além disso, como nossa experiência influencia nossa interpretação das Escrituras? Ao interpretar as Escrituras, também precisamos interpretar a nós mesmos, por assim dizer. Existe um círculo hermenêutico, que envolve tanto o autoexame quanto o exame de textos bíblicos.

Essas questões sobre contextualidade não levam necessariamente ao relativismo, mas revelam que as reivindicações humanas de verdade estão sujeitas ao escrutínio histórico e crítico. Também forçam os cristãos a lembrar que vivem pela fé, e não pela legitimação racional e empírica de suas crenças, valores e práticas.

Natureza da Fé

Nas Escrituras, a crença na existência de Deus é algo que se acredita ser auxiliado pela graça divina, bem como pelo intelecto humano. Os cristãos não devem se envergonhar de apelar à fé, ou ao mistério e ao paradoxo, em relação à sua compreensão religiosa. Nenhuma outra cosmovisão, incluindo a ciência (ou o cientificismo), explicou tudo. Eles podem apelar a pressupostos, postulados ou axiomas, mas esses termos revelam seus próprios compromissos de fé, mesmo que não usem essa terminologia. Por exemplo, a ciência trabalha com o pressuposto de que ela eventualmente explicará tudo — o mundo, as pessoas, a espiritualidade, os valores, a ética, o amor, a lealdade e assim por diante. Até o momento, no entanto, a ciência não foi capaz de explicar todos os fenômenos mencionados, reduzindo-os a explicações científicas biológicas, eletroquímicas ou comportamentais.

A crença em Deus não é, contudo, um salto de fé "cego". Essa noção de um salto de fé cego é incorretamente associada ao teólogo dinamarquês Søren Kierkegaard, que descreveu a fé como um "salto de fé" — como uma confiança apaixonada e existencial em Deus, que é pessoal. Mas a fé não é cega. Os cristãos medievais falavam sobre a fé como tendo, pelo menos, três componentes: conhecimento, assentimento e confiança. Como tal, os cristãos têm *conhecimento* sobre Jesus, e não sobre alguma outra figura religiosa. Eles *assentem* no conhecimento sobre a vida, morte e ressurreição de Jesus, e *confiam* suas vidas à pessoa de Jesus e ao evangelho. Os cristãos acreditam ainda que as afirmações bíblicas sobre Deus como criador e salvador são tão razoáveis quanto as explicações alternativas de cosmovisões. Essa crença não prova a verdade da cosmovisão bíblica (ou cosmovisões), mas prova que a fé cristã é uma fé razoável, e não uma fé cega, infundada ou simplista.

Comentários finais

Muitas vezes pensei no meu amigo da faculdade que se dispôs a dialogar comigo e com meu colega do ministério universitário sobre a existência de Deus. Não sei se meu amigo chegou a acreditar em Deus, mas sua disposição para dialogar me dá esperança.

Na minha opinião, é bom falar sobre a existência de Deus e os argumentos usados para falar sobre Deus. Mas não é nossa responsabilidade provar a existência de Deus. Acredito que seja mais responsabilidade de Deus do que nossa. No entanto, é nossa responsabilidade buscar uma compreensão maior sobre Deus por meio de todos os recursos que temos — Escritura, tradição, razão e experiência. Os cristãos acreditam que o Espírito Santo de Deus está sempre presente e atuando na vida das pessoas — tanto cristãs quanto não cristãs. Se Deus quer que as pessoas creiam, elas precisam estar dispostas a fazê-lo. Deus graciosamente auxilia todos os que desejam crer em Deus, tanto como existente quanto como seu salvador e senhor.

Capítulo 5
Deus é amor

Quando eu era jovem, ouvi vários palestrantes cristãos dizerem que eu deveria personalizar versículos das Escrituras. Considere, por exemplo, João 3:16. Em vez de ler: "Porque Deus amou o mundo de tal maneira", e assim por diante, eu deveria ler: "Porque Deus me amou de tal maneira que deu o seu Filho unigênito, para que, se eu crer nele, não pereça, mas tenha a vida eterna". Essa personalização do amor de Deus por mim foi esclarecedora, além de encorajadora.

Não é insignificante que João 3:16 se concentre no amor de Deus. Há muitas maneiras pelas quais as Escrituras se referem a Deus, e há ainda mais descrições de Deus feitas por cristãos ao longo da história da igreja. Mas creio que o foco no amor de Deus deveria ser primordial. É claro que é importante pensar em Deus de outras maneiras, por exemplo, como soberano, santo, reto, justo, eterno, e assim por diante.

O livro de 1 João fala muito sobre Deus como amor. Embora 1 João compartilhe semelhanças com o Evangelho de João, provavelmente foi escrito por outra pessoa em nome daqueles que afirmavam a tradição joanina. 1 João diz claramente: "Deus é amor" (1 João 4:8, 16). Em outro lugar, Jesus resumiu o "maior mandamento" como envolvendo amor:

> Um dos escribas aproximou-se e ouviu-os discutindo. Vendo que Jesus lhes havia respondido bem, perguntou-lhe: "Qual é o primeiro de todos os mandamentos?" Jesus respondeu: "O primeiro é: 'Ouve, Israel: o Senhor, nosso Deus, é o único Senhor. Amarás o Senhor, teu Deus, de todo o teu coração, de toda a tua alma, de todo o teu entendimento e de todas as tuas forças.' O segundo é este: 'Amarás o teu próximo como a ti mesmo'. Não há outro mandamento maior do que estes" (Marcos 12:28-31).

Além disso, o apóstolo Paulo fala sobre várias virtudes cristãs: fé, esperança e amor. Entre essas virtudes, Paulo diz: "Agora, pois, permanecem a fé, a esperança e o amor, estes três; mas o maior destes é o amor" (1 Coríntios 13:13). Claramente, o amor representa um tema decisivo tanto para a compreensão de Deus quanto para o cerne do cristianismo.

Linguagem sobre Deus

Ao falar sobre Deus, os cristãos há muito perceberam que a linguagem humana é inadequada para comunicar a plenitude de quem Deus é. Visto que se acredita que Deus transcende o mundo, incluindo a compreensão humana do mundo, então, em última análise, a plenitude de quem Deus é permanecerá um mistério. Isso não significa que o que as pessoas falam sobre Deus seja absurdo ou sem sentido. Pelo contrário, os cristãos acreditam que Deus nos revelou muito sobre quem Deus é e sobre outros assuntos religiosos, especialmente conforme contido nas Escrituras. Os cristãos precisam ser humildes, no entanto, em relação às suas afirmações específicas sobre quem Deus é.

Assim, os cristãos consideram a linguagem sobre Deus como simbólica. A natureza simbólica da linguagem sobre Deus não significa que nossa linguagem não consiga comunicar informações suficientes sobre Deus, e certamente não significa que seja absurda ou sem sentido. Significa simplesmente que Deus está acima e além de qualquer coisa que possamos imaginar. Se for esse o caso, como nossa linguagem pode não ser, até certo ponto, simbólica?

Duas maneiras que me ajudam a pensar sobre a natureza simbólica da nossa conversa sobre Deus têm a ver com a distinção entre descrições analógicas e metafóricas de Deus. Por um lado, descrições analógicas de Deus têm a ver com dizer com quem Deus se parece, às vezes conhecido como teologia catafática, usando terminologia positiva para descrever o divino. Por exemplo, nas Escrituras, Deus é descrito de várias maneiras como sendo como um pai ou um rei. É claro que as excelências de Deus sendo como um pai ou um rei são consideradas transcendentes à nossa experiência humana, tanto por causa da finitude do nosso mundo quanto por causa dos efeitos do pecado sobre ele. Afinal, as pessoas às vezes têm pais ruins ou reis (ou governantes) ruins, que são negligentes, abusivos ou violentos.

Por outro lado, descrições metafóricas de Deus têm a ver com dizer quem ou o que Deus não é, às vezes conhecidas como teologia apofática, usando terminologia negativa, ou que especifica nossos limites, para descrever o divino. Por exemplo, nas Escrituras, Deus é descrito como eterno, santo, infinito, soberano e inescrutável. Esses termos são familiares, mas ainda assim são considerados transcendentes à nossa plena compreensão. A linguagem das pessoas, bem como seu conhecimento de Deus, são limitados, novamente devido à finitude humana — finitude que é ainda mais prejudicada por vários efeitos do pecado, que afeta toda a compreensão humana, incluindo as descrições cristãs de Deus.

A natureza contextual da compreensão humana — envolvendo compreensões globais, nacionais e regionais — complica ainda mais a natureza das afirmações que os cristãos fazem sobre quem Deus é. Só podemos compreender Deus através de nossa própria lente humana única. Frequentemente, os cristãos acreditam ter conhecimento suficiente, incluindo revelação especial de Deus, para falar significativamente sobre Deus. Mas é uma compreensão significativa baseada na fé, e não na certeza. Como diz o apóstolo Paulo: "Porque agora vemos como por espelho, obscuramente... Agora conheço apenas em parte" (1 Coríntios 13:12). Nossa compreensão de Deus sempre será um pouco nebulosa, mas ainda pode iluminar o ambiente e lançar luz sobre os outros.

Atributos Tradicionais de Deus

Os cristãos falam sobre os atributos de Deus de muitas maneiras. Não há uma única maneira de fazê-lo. Alguns falam sobre os atributos comunicáveis e incomunicáveis de Deus; outros, sobre os atributos imanentes e transcendentes. Em outras palavras, como caracterizamos Deus de uma maneira que fale tanto da proximidade de Deus (imanência) quanto da divindade de Deus (transcendência)? Essas categorizações se relacionam com nossas variações analógicas e metafóricas da linguagem simbólica para Deus. Algumas das descrições que usamos para entender Deus são tiradas diretamente das Escrituras, e outras são consideradas implícitas nas Escrituras. Algumas das descrições se baseiam em categorias filosóficas para falar sobre Deus. Por exemplo, alguns cristãos falam sobre os chamados onipotentes: onipotência (todo-poderoso), onisciente (onisciente) e onipresente (onipresente). Embora esses termos soem muito impressionantes, eles podem ser enganosos, tanto em relação às descrições bíblicas de Deus quanto em termos de como as pessoas, consequentemente, vivem em relacionamento com Deus. Eles podem refletir as antigas visões helenísticas de Deus tanto quanto, ou mais, do que refletem as Escrituras.

As Escrituras descrevem muitos atributos de Deus que são igualmente impressionantes e mais diretamente evidentes: benevolente, compassivo, constante, fiel, gentil, gracioso, imparcial, justo, misericordioso, paciente, persistente, espiritual, sábio e assim por diante. Esses últimos atributos representam maneiras tradicionais ou familiares de falar sobre Deus e geralmente trazem grande encorajamento às pessoas que pensam sobre Deus, especialmente quando pensam em Deus em relação a elas. Muitas vezes, eles nos levam de volta à verdade que é o título deste capítulo: Deus é amor.

Atributos não tradicionais de Deus

Embora os cristãos tendam a se concentrar em atributos tradicionais na descrição de Deus, um olhar mais atento às Escrituras revela alguns atributos que são geralmente negligenciados ou repudiados, apesar de serem bíblicos. Eu os chamo de atributos não tradicionais de Deus, pois eles descrevem Deus de maneiras possivelmente desconcertantes. Por exemplo, Deus é descrito como irado, colérico e vingativo. De fato, há mais referências bíblicas à ira de Deus do que à ira das pessoas. No Antigo Testamento, Deus ordena o genocídio de pessoas, incluindo homens, mulheres, crianças e, às vezes, animais; Deus permite a escravidão; Deus é descrito como causador de desastres e, possivelmente, do mal. No mínimo, Deus parece mudar ou renegar decisões, às vezes lamentando (ou arrependendo-se, dependendo da tradução) decisões que tomou. No livro de Jó, Deus parece se gabar para Satanás — "o acusador" — sobre Jó, o que resultou em uma espécie de aposta ou jogo com Satanás, resultando em consequências malignas para Jó e sua família.

Como os cristãos lidam com esses atributos não tradicionais? Para começar, a maioria dos cristãos nem sequer tem consciência deles. Muitas vezes, não são as pessoas que não conhecem as Escrituras que têm problemas com seu conteúdo; em vez disso, são as pessoas que as conhecem e com o que a estudiosa judaica Phyllis Trible chama de "textos de terror". Às vezes, os cristãos descartam os atributos não tradicionais de Deus como antropomorfismos. Eles afirmam que esses atributos negativos são meramente exemplos de como os humanos adicionaram sua própria bagagem à compreensão de Deus. No entanto, isso frequentemente envolve selecionar quais textos os cristãos querem interpretar mais literalmente e quais textos querem interpretar mais antropomorficamente. Embora isso possa nos fazer sentir melhor, essa não é uma maneira honesta de ler as Escrituras. Outros cristãos ainda apelam para o gênero desses textos ou para seus contextos históricos e literários. Mas essa acrobacia interpretativa nem sempre lida com a realidade das Escrituras como um todo.

Mas nem todos os atributos não tradicionais de Deus são negativos. Alguns cristãos podem se surpreender ao saber que as Escrituras oferecem um número surpreendente de descrições sobre Deus que utilizam imagens femininas e também imagens de animais para descrevê-Lo. Essas são metáforas e analogias poderosas que podem nos ajudar a aprender sobre Deus de maneiras novas e surpreendentes. Por exemplo, no Antigo Testamento, Virginia Mollenkott observa que Deus é descrito de várias maneiras: dona de casa, costureira, mãe, parteira, amante, amamentando e tendo um útero. Em outras passagens, Deus também é descrito como um urso, uma águia e um pelicano. Novamente, o que devemos fazer com essas imagens? Uma resposta comum é que a maioria dessas referências ocorre em literatura sapiencial, salmos e hinos e, como tal, usa licença poética, em vez de descrever Deus com precisão. No entanto, o mesmo pode ser verdade para os chamados atributos tradicionais de Deus, que também são encontrados em literatura sapiencial, salmos e hinos.

No mínimo, os atributos não tradicionais de Deus deveriam servir como um alerta para as pessoas, especialmente os cristãos, que são ignorantes, na melhor das hipóteses, ou enganosas, na pior, na forma como falam sobre Deus. De fato, tais pessoas podem confiar — para sua compreensão de Deus — tanto ou mais em sua própria formação social, cultural e religiosa do que nos ensinamentos evidentes das Escrituras. A humildade, pelo menos, deveria ser a resposta dos cristãos à caracterização bíblica de Deus. Como seria uma abordagem sem censura dos atributos de Deus na Bíblia? Precisamos fazer essa pergunta, reconhecendo a necessidade de interpretações históricas e críticas das Escrituras, em vez de aquiescer simplistamente aos chamados ensinamentos tradicionais sobre os atributos de Deus.

Histórias de Deus

As Escrituras contêm a história de Deus, ou, para ser mais preciso, histórias de Deus. É preocupante para os cristãos perceberem que existem histórias concorrentes, que reconhecidamente vêm das Escrituras. Há histórias sobre Deus que antecedem o cristianismo, e hoje histórias sobre Deus continuam a surgir, tanto dentro quanto fora do cristianismo. Sem dúvida, aprendemos com outras histórias sobre Deus, histórias que refletem culturas internacionais, histórias que refletem marginalização, opressão e violência desconhecidas, e histórias que refletem conquistas, libertação e restauração inspiradoras. Os cristãos ocidentais não devem pensar apenas em como podem ministrar a outros em todo o mundo, mas sim em como os cristãos globais podem ministrar a eles.

Cada pessoa tem sua própria história única sobre Deus, seja ela de origem cristã ou não cristã, seja de origem espiritualmente positiva ou negativa (ou talvez neutra). A maneira como as pessoas veem Deus pode depender de fatores não encontrados diretamente nas Escrituras. Por exemplo, as pessoas podem ver Deus com base em seu pai terreno, o que pode ter levado a uma imagem de Deus muito desamorosa, coercitiva e indesejada. As pessoas também podem ver Deus com base em experiências ruins com cristãos e igrejas que encontraram. Quem sabe? Mas não devemos deixar que nossa origem, nosso contexto ou nossa situação de vida particular dominem totalmente a forma como percebemos Deus. Há muitos outros recursos no mundo dos quais podemos extrair, como poços profundos sobre o conhecimento de Deus.

Embora as Escrituras estejam repletas de descrições de Deus como todo-poderoso, onisciente e onipresente, argumento que sua forma preeminente de descrever Deus é a do amor. Quer você pense em Deus como um pai, amigo ou mentor amoroso, a trajetória das Escrituras é apresentá-lo como alguém que deseja ter comunhão amorosa com as pessoas — perdoar, restaurar, curar as pessoas de tudo o que as oprime. Deus ainda é soberano; Deus ainda é santo; Deus ainda é todos os outros atributos que as Escrituras usam para Deus — tanto os atributos não tradicionais quanto os tradicionais. As Escrituras não são um contador de histórias exaustivo, mas são um contador de histórias suficiente, dada a crença adicional de que o Espírito Santo de Deus continua a operar nas pessoas e por meio delas, a fim de realizar o evangelho em suas vidas, individual e coletivamente.

Comentários finais

Gostei de personalizar versículos bíblicos e recomendo que os leitores tentem fazer isso por si mesmos. Por exemplo, ajuda dizer: "Porque Deus me amou de tal maneira que deu o seu Filho unigênito por mim!"

Porque Deus é amor, é importante que Deus dê às pessoas liberdade de escolha — aceitar ou rejeitar o evangelho, aceitar ou rejeitar o amor de Deus, aceitar ou rejeitar a vida eterna. Em certo sentido, Deus assumiu um grande risco ao dar às pessoas a liberdade de escolher bem ou mal. Por analogia, é como pais dando à luz filhos, sabendo que, à medida que seus bebês crescem, eles podem amar seus pais menos, em vez de mais. Embora as analogias humanas falhem, eventualmente, ao descrever Deus, elas nos dão uma pista do amor de Deus pelas pessoas. Mais especificamente, elas nos dão uma pista da liberdade que Deus deu às pessoas para escolherem, o risco de nem todos se reconciliarem com Deus e, ainda assim, a liberdade para as pessoas desfrutarem dos benefícios que Deus pretende que elas tenham, nesta vida, bem como para a vida eterna.

Capítulo 6
Relacionamento entre Pai, Filho e Espírito Santo

Jesus tinha um relacionamento muito bom com Deus, seu Pai Celestial. As Escrituras não entram em muitos detalhes sobre modelos paternos. No entanto, Jesus orava a Deus longa e frequentemente (Mateus 14:23; Lucas 6:12), afirmava ser "um" com seu Pai Celestial (João 10:30) e se referia a Deus em termos íntimos. Por que Jesus chamou Deus de" *Abba"?* (Marcos 14:36)? *Abba* é uma palavra aramaica que significa pai, mas transmite uma relação mais familiar de "papai" ou "papai". O uso desse nome por Jesus é significativo por vários motivos. Primeiro, sugere que a língua materna de Jesus era o aramaico, a língua nativa do antigo Oriente Próximo, em vez do grego ou mesmo do hebraico. Segundo, *Abba* sugere uma relação mais íntima entre Deus e uma pessoa do que jamais havia sido revelada antes de Jesus. Terceiro, sugere uma relação que não durou apenas o primeiro século, mas durou mais. Muito mais.

Os primeiros cristãos acreditavam que Jesus era divino, e não meramente humano. Se sim, qual era então a sua relação com Deus Pai? Nas Escrituras, Jesus refere-se regularmente a Deus como Pai, e ele ensinou seus discípulos a orar a Deus como Pai. No que ficou conhecido como a Oração do Senhor, Jesus ensinou seus discípulos a orar da seguinte forma:

> Orai, pois, deste modo: Pai nosso, que estás nos céus, santificado seja o teu nome; venha o teu reino; seja feita a tua vontade, assim na terra como no céu. O pão nosso de cada dia nos dá hoje; perdoa-nos as nossas dívidas, assim como nós perdoamos aos nossos devedores; e não nos deixes cair em tentação, mas livra-nos do Maligno (Mateus 6:9-13).

As palavras da Oração do Senhor variaram ao longo dos séculos, foram expandidas e modificadas. Mas o significado básico permanece. Somos encorajados a orar a Deus como se orássemos mais intimamente a um Pai Celestial.

Alguns cristãos contemporâneos contestam o uso de linguagem exclusivamente masculina em referência a Deus. Afinal, Deus não transcende a imagem masculina e feminina, visto que todos são criados à imagem de Deus, e não existem imagens femininas usadas para descrever Deus nas Escrituras? Ambas as afirmações acima são verdadeiras, e os cristãos fariam bem em lembrar tanto os benefícios quanto as desvantagens de vincular suas concepções de Deus demasiadamente à masculinidade e feminilidade, ou a outras particularidades contextuais de sua visão de Deus. Mas, em teologia, existe o que às vezes é conhecido como o "escândalo da particularidade", isto é, somos limitados — talvez escandalosamente — em relação às particularidades de como Deus foi revelado nas Escrituras. Por exemplo, Jesus viveu como alguém que era homem, judeu e solteiro. No entanto, isso não significa que ele não possa ser o salvador e senhor daqueles que não são homens, judeus e solteiros. Embora possa parecer um tanto escandaloso, dada a natureza contextual do conhecimento humano, pensar em Deus como pai, isso não significa que tais concepções impeçam um evangelho mais universal que se aplique a todas as pessoas, em todos os momentos e em todos os lugares.

Uma das ideias mais radicais que Jesus comunicava regularmente aos seus seguidores é que podemos nos aproximar de Deus como algo mais do que um déspota soberano e todo-poderoso, distante de nós em majestade celestial. Podemos nos aproximar de Deus com um dos relacionamentos mais íntimos imagináveis, isto é, o relacionamento entre pais e filhos. Nós também podemos nos aproximar de Deus como *Abba!*

Pai, Filho e Espírito Santo

Os primeiros cristãos pensavam em Jesus como divino — *Emanuel,* Heb. "Deus conosco" (Mateus 1:23, aludindo a Isaías 7:14). Mas eles também acreditavam que Deus Pai era divino. Isso era teologicamente problemático, uma vez que os cristãos — como os judeus — eram monoteístas, isto é, acreditavam em apenas um Deus. Qual era a relação entre Deus, o pai, e Jesus, o filho de Deus? Além disso, Jesus prometeu que o Espírito Santo de Deus viria depois que Jesus ascendesse ao céu, que serviria como representante de Deus na terra, além de servir como advogado e consolador do povo. Já era bastante difícil tentar explicar a relação de Deus Pai com Deus Filho; os cristãos também tinham que explicar sua relação com o Espírito Santo.

Essa relação era um problema, não por causa das teorias cristãs primitivas, mas por causa de seu forte compromisso com as Escrituras que foram transmitidas pela igreja do primeiro século. Os primeiros cristãos não tinham uma Bíblia, não da maneira que temos a Bíblia hoje. Eles tinham coleções de escritos sobre Jesus e coleções de cartas que os cristãos escreveram uns aos outros no século seguinte a Jesus. Quando o cristianismo foi tornado religião oficial do Estado em 313 pelo Imperador Constantino, o cenário estava pronto para que os cristãos se reunissem em público e estabelecessem algum consenso sobre o que a igreja acreditava. Isso resultou não apenas na canonização das Escrituras que conhecemos hoje como a Bíblia, mas também em uma série de credos que explicam a fé que a Bíblia proclama. O Imperador Constantino convocou o primeiro concílio ecumênico (isto é, de toda a igreja) de cristãos em 325, e um rascunho do Credo Niceno foi escrito e distribuído por todo o Império para feedback.

Com base nas Escrituras que os cristãos tinham à disposição, parecia haver um grande mistério em torno da natureza de Deus. Só existia um Deus, mas como se concebia esse Deus único exigia uma explicação mais complexa. De acordo com as escrituras, Deus Pai recebeu nomes divinos, atribuiu-lhes atributos divinos, realizou obras que somente Deus poderia fazer e foi adorado. Em segundo lugar, Jesus, o filho de Deus, recebeu nomes divinos, atribuiu-lhes atributos divinos, realizou obras que somente Deus poderia fazer e foi adorado. Em terceiro lugar, o Espírito Santo recebeu nomes divinos, atribuiu-lhes atributos divinos, realizou obras que somente Deus poderia fazer e foi adorado. No entanto, o pai não era o filho; o filho não era o Espírito Santo; e o Espírito Santo não era o pai.

Não deveria nos surpreender que Deus transcenda a compreensão humana em mais de um sentido. Em relação à forma como pensavam sobre Deus, os primeiros cristãos sabiam que precisavam desenvolver algum tipo de declaração resumida, que também pudesse responder aos críticos que os acusavam de ateísmo (já que não eram politeístas), triteísmo ou algo pior.

Trindade

O Credo Niceno, que eventualmente recebeu aprovação ecumênica, implicava a doutrina da trindade, embora somente em formulários posteriores referências formais à doutrina tenham sido estabelecidas. A trindade não é tanto uma definição de quem Deus é, mas sim uma declaração sobre os limites da nossa compreensão de Deus. Basicamente, a doutrina afirma que há um Deus, que existe como três pessoas distintas. Como tal, a trindade alude ao mistério de Deus — um mistério exigido pela fidelidade dos cristãos às fontes bíblicas. A doutrina não surgiu por causa da filosofia grega ou de uma concessão aos críticos romanos, mas sim pelo desejo de ser fiel à autorrevelação de Deus nas Escrituras.

As chamadas heresias surgiram devido às tentativas cristãs de fornecer concepções de Deus mais racionalmente plausíveis e socialmente aceitáveis. Alguns pensavam em Deus como um só, que aparecia com diferentes faces (por exemplo, modalismo). Mas essa visão não fazia justiça às referências bíblicas à diferenciação entre pai, filho e Espírito Santo. Por exemplo, no batismo de Jesus, Jesus se coloca na água para o batismo; Deus fala do céu; e o Espírito Santo aparece como uma pomba (Mateus 3:16; Lucas 3:22). Outra tentativa de solução foi identificar o Espírito Santo como outra referência ao pai, e Jesus foi considerado um ser inferior a Deus, ou uma criatura sobrenatural como os anjos (por exemplo, arianismo). Apesar do apelo lógico dessas visões reducionistas de Deus, os cristãos antigos preferiam afirmar os mistérios associados à existência de Deus — conforme descrito nas Escrituras — em vez de concordar com as expectativas filosóficas e sociais.

Quer você goste ou não, a doutrina da trindade representa uma das características mais singulares do cristianismo, distinguindo-o de outras religiões monoteístas, como o judaísmo e o islamismo. Para explicar a trindade, os cristãos às vezes recorrem a analogias, algumas das quais bastante humorísticas, para explicar Deus. Por exemplo, Deus é comparado à água, que pode aparecer como um líquido (água), sólido (gelo) ou gasoso (vapor); no entanto, água, gelo e vapor não podem ocorrer todos ao mesmo tempo (cf. modalismo). Outra analogia usada é a de um ovo, que consiste simultaneamente de casca, gema e clara; no entanto, casca, gema e ovo não são todos a mesma coisa (cf. triteísmo). Tenha em mente que as analogias humanas são finitas e, em última análise, não conseguem descrever Deus. Assim, pode-se dizer que as analogias são elas próprias heréticas — em algum ponto —, visto que não comunicam a plenitude de quem Deus é. Analogias podem ser ferramentas de ensino úteis para começar a explicar a doutrina histórica da trindade, mas ninguém deve esperar que elas penetrem o mistério de quem Deus é, já que, em última análise, Deus ultrapassa o entendimento humano.

Desenvolvimento da Trindade

Ao longo da história da Igreja, a trindade tem sido considerada importante para o que é conhecido como "ortodoxia" (grego: *orthos,* "reto, correto", e *doxa,* "opinião, crença") — opinião correta ou crença correta. Não há consenso cristão sobre o que consiste a ortodoxia; geralmente, ela é considerada como crenças e valores que refletem os ensinamentos bíblicos e as formulações dos primeiros credos. No entanto, nem católicos, ortodoxos ou protestantes concordam com todas as interpretações das Escrituras e com quais credos (se houver) aceitar. Seja como for, a trindade representa uma das doutrinas mais comumente aceitas do cristianismo.

A visão clássica ou tradicional da trindade, pelo menos entre os cristãos ocidentais, concentra-se na natureza *imanente* da trindade, isto é, em quem Deus é. Às vezes, o foco é colocado na trindade *econômica,* isto é, no que Deus faz, observando as diferentes obras ou funções de cada pessoa da trindade. Apesar das diferenças aparentes, a ênfase é colocada na igualdade e mutualidade das três pessoas no único Deus.

Uma visão cristã mais recente da trindade concentra-se na dinâmica relacional entre as três pessoas em Deus. Se Deus é alguém que ama eternamente, então o amor sempre ocorreu entre pai, filho e Espírito Santo. O amor de Deus não começou com a criação da humanidade, mas sempre fez parte de quem Deus é. Essa visão da trindade é às vezes conhecida como trindade social e oferece outra visão sobre quem Deus é. Embora as concepções humanas sejam insuficientes para compreender plenamente Deus, a trindade social nos ajuda a obter maior compreensão da natureza amorosa e relacional de Deus.

Natureza relacional e amorosa de Deus

No mínimo, a doutrina da trindade deve nos lembrar de algumas coisas importantes sobre Deus. Primeiro, quem Deus é, em última análise, transcende o conhecimento humano, e ainda assim podemos ter conhecimento suficiente de Deus para a salvação, bem como para uma vida semelhante à de Cristo. Segundo, Deus é relacional e amoroso, e essa relacionalidade e amor se estendem às pessoas, mostrando como elas podem ser perdoadas e reconciliadas com Deus, o que se estende ainda mais à maneira como as pessoas podem amar os outros como a si mesmas. Terceiro, a trindade é prática. Sim, eu argumento que a trindade é prática porque nos ajuda a perceber o equilíbrio, bem como a amplitude do que o cristianismo abrange.

Por exemplo, em relação à praticidade da trindade, reflita por um momento sobre as diferentes maneiras pelas quais os cristãos pensam sobre Deus, o pai: criador, cuidador providencial, legislador, juiz, defensor dos pobres e campeão contra a injustiça. Em seguida, pense sobre as diferentes maneiras pelas quais os cristãos pensam sobre Deus, o filho: salvador, senhor, mestre, modelo, curador, irmão e amigo. Finalmente, pense sobre as diferentes maneiras pelas quais os cristãos pensam sobre Deus, o Espírito Santo: advogado, consolador, capacitador, intercessor, doador de frutos, doador de dons, inspirador e auxiliador no discernimento. Quais das obras anteriores de Deus são as mais importantes? Os cristãos ficariam horrorizados ao pensar que uma pessoa da trindade ou uma obra de um membro da trindade seja mais importante do que outra. No entanto, os cristãos às vezes enfatizam a pessoa e a obra de um membro da trindade em detrimento de outro; as igrejas às vezes fazem o mesmo. Portanto, os cristãos e as igrejas devem estar atentos a todas as pessoas da trindade e a todas as obras da trindade, no que diz respeito não apenas à forma como elas entendem Deus mais plenamente, mas também à forma como Deus quer que elas sejam e trabalhem no mundo hoje.

Comentários finais

Quando você pensa em Deus, especialmente em Deus Pai, você pensa em *Abba*? Ou seja, você pensa em Deus da maneira mais íntima, positiva e solidária possível? Há muitas razões pelas quais podemos não fazer isso: problemas da vida atual, infortúnios pessoais do passado, infância infeliz ou perspectivas sombrias para o futuro? No entanto, Jesus via Deus como *Abba*, e quando isso acontece conosco, então estaremos no caminho certo: para conhecer a Deus como Jesus conheceu, para conhecer Jesus como a melhor representação de Deus para nós e para conhecer o Espírito Santo, que está presente conosco agora e deseja trabalhar graciosamente de maneiras preventivas em nossas vidas.

Às vezes, a doutrina da trindade pode parecer confusa e agourenta. Mas deve ser um auxílio para ajudar cristãos e outros a compreender a natureza pessoal de Deus e o Seu amor por nós. A trindade também pode nos ajudar a desenvolver uma compreensão mais ampla e apreciativa de todas as maneiras pelas quais Deus atua em nossas vidas — passado, presente e futuro.

Capítulo 7
O que a apologética realiza

Na antiga igreja cristã, a perspectiva de se converter ao cristianismo era, às vezes, uma questão de vida ou morte. Cristãos morriam por sua fé! É claro que a discriminação e a perseguição contra cristãos não eram contínuas. A violência era periódica. Por exemplo, como sensacionalizado em filmes, cristãos nem sempre eram jogados aos leões em meio a massacres grandiosos em coliseus, embora tais martírios ocorressem. Em sua maioria, os primeiros convertidos eram um grupo minoritário, geralmente negligenciado, mas frequentemente marginalizado. Ao longo da história mundial, minorias são alvos fáceis para intolerância e bodes expiatórios, culpando (e perseguindo) os mais pobres e vulneráveis pelos problemas da sociedade.

Por razões justificáveis, os cristãos sofreram perseguição, pelo menos de uma perspectiva cívica, quando os governos proibiram sua religião. No geral, os cristãos se consideravam discriminados injustamente. Poucas pessoas os defendiam e, portanto, cada vez mais, os cristãos tinham que se defender, às vezes fisicamente e outras vezes ideologicamente. Ideologicamente, *a apologética* defende as crenças, os valores e as práticas de alguém de caricaturas ou críticas. A palavra apologética vem do grego *apologia*, que significa explicar ou provar a aceitabilidade das próprias ideias. Não significa pedir desculpas ou agir com vergonha por elas!

De tempos em tempos, todos nós sentimos a necessidade de nos defender — de defender nossas palavras ou ações. Talvez nos sintamos incompreendidos, o que leva a rupturas nos relacionamentos com cônjuges, familiares e amigos. Assim, tentamos explicar ou esclarecer nossas palavras e ações para que possamos nos reconciliar com elas. Talvez nos sintamos injustamente atacados por quem somos: onde nascemos, como nascemos e para quem nascemos. Talvez nos sintamos atacados por nossa raça, etnia, sexo, idade, classe, capacidade, educação, idioma ou nacionalidade. Sentimo-nos obrigados a nos defender, mesmo quando não achamos que haja algo que precise ser defendido. Talvez nos sintamos atacados por nossa família ou amigos, por nossos valores sociais ou visões políticas, ou por nossa ética pessoal ou envolvimento cívico.

Às vezes, nos defendemos quando sabemos que estamos errados ou que agimos de forma errada. Provavelmente deveríamos confessar nesses casos, e às vezes o fazemos. Outras vezes, não o fazemos, e nos defender se torna mais difícil. Ainda assim, muitos de nós nos defendemos legal ou moralmente, politicamente ou religiosamente. É claro que, quando dissemos ou fizemos algo errado — que admitimos em nosso íntimo ser errado —, nossa autodefesa pode parecer aos outros hipócrita, intimidadora ou inescrupulosa. Como vivemos em um mundo caído e pecaminoso, tais táticas podem ter sucesso a curto prazo. No entanto, a maioria de nós deseja que tais táticas não tenham sucesso e que haja mais justiça no mundo, em vez de menos justiça. Muitas vezes, os ricos e privilegiados se beneficiam de tais injustiças, em vez dos mais pobres e necessitados.

Em relação ao cristianismo, há uma necessidade contínua de defender a fé, por assim dizer. Mal-entendidos, bem como críticas ao cristianismo, persistem. Às vezes, os cristãos podem aprender com seus críticos, pois devem estar sempre abertos a aprender mais sobre si mesmos e sobre a melhor forma de representar o evangelho de Jesus Cristo. Outras vezes, os cristãos precisam corrigir mal-entendidos e, especialmente, defender-se de críticas falaciosas ou injustas. Essa é a tarefa da apologética.

O que a apologética realiza?

A apologética cristã primitiva comumente adotava duas abordagens: uma era se envolver com a cultura e a outra era se desligar dela. A abordagem majoritária era falar sobre o evangelho em geral e sobre as Escrituras em particular, utilizando exemplos e argumentação compreensíveis para seus contemporâneos. Por exemplo, apologistas como Justino, Irineu e Agostinho apelaram à filosofia grega para comunicar crenças, valores e práticas cristãs. João 1:1 se refere a Jesus como a "palavra", o *logos*, que é uma palavra grega que conota o princípio racional ou padrão que ordena o universo. Os cristãos falavam sobre a Cristologia do Logos, pela qual exaltavam Jesus, aquele que dá sentido a toda a vida, tanto religiosa quanto secular. Acreditava-se que filósofos como Platão prenunciavam ou antecipavam essa compreensão do universo e, assim, forneciam uma filosofia que ajudava a conceituar e comunicar o cristianismo.

Em contraste, apologistas como Tertuliano argumentavam que os cristãos deveriam proclamar as Escrituras e os ensinamentos da Igreja sem apelar a qualquer outro ensinamento ou cosmovisão com a qual comunicar o evangelho. Ele perguntou, com a famosa frase: "O que Jerusalém tem a ver com Atenas, a Igreja com a Academia, o cristão com o herege?" (*Prescrição contra os Hereges*). Em outras palavras, integrar o cristianismo a qualquer coisa ou pessoa fora da fé corre o risco de diluir ou distorcer as Escrituras. Portanto, proclame o evangelho sem qualquer mistura de ideias, filosofias ou influências culturais que não venham do cristianismo bíblico.

A maioria dos cristãos considerava benéfico encontrar maneiras culturalmente relevantes de comunicar o evangelho, visto que desejavam que outros compreendessem suas crenças, valores e práticas, bem como os defendessem. Refletindo amplamente a premissa de que "toda verdade é a verdade de Deus", os cristãos argumentavam que deveriam integrar as melhores ideias e filosofias, acreditando que elas complementam positivamente o cristianismo quando utilizadas com sabedoria, temperança e justiça.

Hoje em dia, os cristãos reconhecem cada vez mais que todo o conhecimento humano — incluindo suas teologias, ministérios e apologética — é culturalmente situado. Em certo sentido, é impossível que alguém não seja influenciado pelo lugar, tempo e circunstâncias específicos em que vive e fala. Da mesma forma, ao estudar as Escrituras, os intérpretes se preocupam em investigar o gênero de uma passagem específica, juntamente com seu contexto histórico e literário. Tais estudos nos ajudam a compreender e aplicar os ensinamentos bíblicos.

No século XI, Anselmo falou da reflexão cristã como "fé em busca de entendimento" (*Proslogion*). Os cristãos têm fé em Deus e, ao comunicar essa fé, recorreram a uma vasta gama de ideias, filosofias e outras inspirações para articulá-la aos outros. Às vezes, seus esforços apologéticos foram úteis; outras vezes, não. De fato, às vezes, seus esforços apologéticos levaram a heresias, isto é, a ideias perigosas demais para a compreensão e a implementação do Evangelho.

Assim, a apologética é uma tarefa contínua. Ela não prova tanto a verdade do cristianismo ou das Escrituras, mas comunica a razoabilidade da fé, esperança e amor cristãos. No fundo, a apologética cumpre o preceito de estar sempre preparado para dar "razão pela esperança que há em vós" (1 Pedro 3:15). A prova do cristianismo requer a pessoa e a obra do Espírito Santo de Deus na vida das pessoas, e não as excelências da legitimação racional e empírica das afirmações cristãs. A salvação se deve, especialmente, à obra graciosa de Deus e à esperança de iluminação futura, e não às articulações apologéticas ou evangelísticas dos cristãos. Afinal, os cristãos são salvos pela fé, e não pela compreensão intelectual proporcionada por argumentações racionais ou evidências científicas (2 Coríntios 5:7). Tais articulações, no entanto, ajudam os cristãos a comunicar de forma mais eficaz e convincente a lógica da mensagem do evangelho de Jesus.

Uma breve história da apologética

Uma das maneiras mais proeminentes pelas quais os cristãos buscavam defender o cristianismo perante a sociedade em geral era por meio de argumentos a favor da existência de Deus. Anselmo articulou um argumento ontológico para a existência de Deus no século XII, recorrendo à argumentação racional. Tomás de Aquino resumiu argumentos cosmológicos e teleológicos para a existência de Deus no século XIV, recorrendo a evidências empíricas para sua argumentação. Esses argumentos continuam a ser influentes hoje e são discutidos detalhadamente no Capítulo 4.

Ao longo dos séculos, contra-argumentos foram apresentados contra argumentos a favor da existência de Deus. De fato, argumentos alternativos foram apresentados, descartando a necessidade de crer em Deus devido a objeções filosóficas, sociológicas, biológicas, psicológicas e outras. Como acredito que as pessoas são salvas pela fé e não por formulações humanas, baseadas na razão e na experiência, não espero que alguém se torne cristão por meios intelectuais. Alguns podem achar formulações intelectuais e apologéticas úteis para chegar à fé. No entanto, tais formulações têm mais a ver com articular a razoabilidade do cristianismo do que com comprovar sua legitimidade racional e empiricamente.

Após a Reforma Protestante no século XVI, os cristãos dedicaram cada vez mais energia apologética à defesa de uma igreja ou denominação contra outras igrejas e denominações, em vez de defender o cristianismo contra seus opositores. Nesses esforços, os cristãos apelaram apenas às Escrituras (por exemplo, os reformadores), apenas à razão (por exemplo, os deístas) ou apenas à experiência (por exemplo, o cristianismo liberal). Outros apelaram a combinações de Escritura, tradição e razão (por exemplo, os anglicanos), ou à Escritura, tradição, razão e experiência (por exemplo, os metodistas). Essas abordagens contextuais à autoridade religiosa serviram para defender igrejas e denominações específicas; também serviram para defender formulações apologéticas mais amplas.

O Iluminismo começou com René Descartes no século XVII, enfatizando a suficiência das habilidades humanas para descobrir a verdade incontestável. Se a religião continha a verdade, então os homens modernos esperavam que a religião fosse verificada por meio de argumentação racional e evidências empíricas. A verdade revelada, por exemplo, como tradicionalmente encontrada nas Escrituras, tinha legitimidade secundária, devido à prioridade dada à razão e à experiência. Com o tempo, filósofos e cientistas modernos passaram a considerar o cristianismo histórico cada vez menos confiável. As Escrituras estavam sujeitas à interpretação histórica e crítica, sendo vistas mais como resultado de artifício humano do que de inspiração divina. Durante o século XIX, a verdade e a autoridade das Escrituras, especialmente, foram alvo de ataques.

À medida que o pensamento modernista do Iluminismo se expandia na sociedade, na filosofia e nos estudos religiosos, os cristãos sentiam-se cada vez mais deslegitimados e marginalizados como provedores da verdade. Na virada do século XX, surgiram diversas tentativas de defender o cristianismo. Barth argumentou que Jesus Cristo representa pessoalmente a verdadeira palavra de Deus, não as Escrituras. As Escrituras podem de fato ser falíveis, mas Deus as utiliza para encontrar as pessoas na realidade existencial de suas vidas e relacionamentos. Da perspectiva de Barth, Jesus confirmou pessoalmente a verdade do Evangelho, em vez dos esforços proposicionais da argumentação cristã.

Cristãos fundamentalistas argumentavam que os critérios de verdade apresentados pelo pensamento modernista estavam corretos, mas que suas conclusões estavam incorretas. Em vez disso, cristãos fundamentalistas argumentavam que as Escrituras são comprovadamente inerrantes e que não contêm erros de qualquer natureza, incluindo questões de história e ciência. Se as Escrituras diferem da história e da ciência, então estas últimas devem se submeter às Escrituras. Da perspectiva do fundamentalismo, os cristãos precisam lutar pela verdade das Escrituras, apresentando argumentos históricos e científicos que comprovem que os erros são aparentes e não legítimos.

Outros cristãos argumentaram que vivemos cada vez mais em um contexto pós-moderno, no qual os critérios de verdade defendidos por pessoas modernas ou iluministas não nos convencem mais. Os humanos são finitos, e suas pretensões à verdade — mesmo a verdade religiosa — são finitas, relativas ao tempo e lugar específicos em que fazem suas pretensões de verdade. Isso não torna toda verdade relativa; há graus de certeza. Pretensões sobre o mundo físico em que vivemos tendem a ser mais verificáveis por meio de investigação racional e científica; no entanto, pretensões sobre crenças, valores e ética refletem mais a situação em que tais pretensões ocorrem. Por exemplo, os cristãos podem afirmar com certeza que acreditam em um Deus que transcende as limitações finitas; eles o fazem pela fé. No entanto, eles devem ser humildes ao admitir que suas afirmações — suas pretensões proposicionais à verdade — estarão sempre sujeitas às suas próprias capacidades limitadas de articular a transcendência de Deus, sua natureza infinita e assim por diante. Além disso, como os cristãos afirmam que todos pecaram e carecem da glória de Deus, há uma barreira adicional para a busca da verdade devido à miríade de efeitos do pecado em suas vidas e nas vidas de outros. Especialmente em relação a questões de significado eterno, o Espírito Santo de Deus garante a verdade da salvação, da vida cristã autêntica e da vida eterna.

Contexto, Desconstrução, Reconstrução e Práxis

Crenças, valores e práticas cristãs não parecem corresponder precisamente a nenhuma filosofia ou antifilosofia, nem a nenhuma ciência, ideologia política ou sistema ético. Há pontos de contato, e descobri-los pode ser útil aos cristãos para discernir o que afirmam e, então, comunicá-lo aos outros. Não se trata de um esforço racional ou empírico exato; no entanto, os cristãos precisam reconhecer sua contínua dependência de Deus e do Espírito vivo e ativo de Deus entre nós, para que não caiamos na armadilha de pensar que Deus precisa de nossa defesa. Precisamos de apologética, é claro, enquanto as pessoas promoverem caricaturas impróprias do cristianismo ou enquanto atacarem injustamente crenças, valores e práticas fundamentais, e, às vezes, atacarem os cristãos com exclusão, discriminação e violência.

Em um mundo cada vez mais pós-moderno, os cristãos precisam estar cientes da natureza contextual de suas crenças, valores e práticas. Eles precisam se tornar mais humildes em reconhecer a situação de si mesmos, de suas igrejas e de suas denominações. As diferenças entre os cristãos frequentemente têm a ver com as particularidades dos contextos socioculturais, passados e presentes. A contextualização não necessariamente relativiza as crenças, os valores e as práticas de alguém. No entanto, ajuda os cristãos a compreender o contexto histórico que os influenciou e como devem proclamar o evangelho de forma amorosa e contextual. Isso envolve humildade em não reivindicar domínio sobre todos os outros, assim como Jesus defendeu uma apresentação humilde do evangelho.

Ao avaliar o próprio contexto — pessoal e social, espiritual e físico —, novos insights podem surgir. Por exemplo, as pessoas podem descobrir que o que aprenderam na infância é menos relevante agora, precisa de modificação ou precisa ser completamente descartado. Esse processo de desconstrução pode ser assustador, pois envolve uma reavaliação franca do passado. Estudantes universitários podem vivenciar esse processo desconstrutivo ao sair de casa para estudar. Eles precisam aprender a pensar por si mesmos, em vez de confiar no pensamento de seus pais, amigos, pastores ou modelos favoritos nas artes, esportes e política. Pensar por si mesmo pode ser assustador, e nem todos os jovens podem fazê-lo com efeitos positivos. É por isso que os pais, em parte, se preocupam com seus filhos adultos quando eles saem sozinhos. No entanto, isso é importante para o desenvolvimento pessoal e espiritual deles.

De uma perspectiva apologética, é importante desconstruir os argumentos a favor do cristianismo que não o convencem. Não se apegue a legitimações racionais e empíricas que não convencem. Em vez disso, apoie as pessoas e ideias que você considera persuasivas. Em particular, apoie aquelas que o ajudam a reconstruir sua compreensão de si mesmo, bem como do mundo em que vive. Afinal, de uma perspectiva cristã, acredita-se que o Espírito Santo de Deus esteja com você o tempo todo — guiando-o, capacitando-o na tomada de decisões e capacitando-o a encontrar a verdade sobre si mesmo e seu relacionamento com Deus e os outros.

Após reconhecer a natureza contextual da vida, das crenças, dos valores e das práticas de alguém, definitivamente precisa haver uma reconstrução. A desconstrução, em última análise, contribui para esse processo de reconstrução, uma vez que é preciso desenvolver uma compreensão mais realista do que o influenciou no passado e do que você deseja que o influencie no futuro. De uma perspectiva cristã, a consideração tanto da teoria (*theoria*) quanto da prática (*praxis*) é necessária. Praxis é uma palavra cada vez mais usada por cristãos para dizer que determinar suas crenças por si só é insuficiente; não se concentre apenas no que acreditar, mas também no que fazer e criar (*poiesis*). A praxis envolve mais do que aplicações práticas das crenças de alguém. Envolve uma integração holística de fé, esperança e amor, enfatizando a esperança e o amor que se manifestam de maneiras holísticas. Defender o cristianismo de forma apologética envolve mostrar, de forma demonstrável, que a religião faz a diferença. Não é tudo teoria; afeta tangivelmente a vida das pessoas, tanto física quanto espiritualmente, socialmente quanto individualmente. A fé, a esperança e o amor cristãos salvam almas; eles também atendem às necessidades físicas das pessoas. O cristianismo defende a justiça, bem como a retidão, cuida dos pobres, bem como dos pobres de espírito, e defende a paz temporal, bem como a paz eterna que excede todo o entendimento.

Considerações finais

Precisamos de apologética, visto que o cristianismo tem sido repetidamente mal compreendido e maltratado, por meio de abusos verbais e físicos. A necessidade continua até hoje. A apologética pode não comprovar a veracidade das crenças, valores e práticas cristãs. No entanto, ajuda a demonstrar a razoabilidade de suas afirmações e a prática de sua bondade.

Em última análise, Deus garante a verdade do cristianismo histórico, e não nossos esforços apologéticos. Ainda assim, nossos esforços apologéticos ajudam os cristãos a explicar suas crenças, valores e práticas de maneiras compreensíveis. Eles também podem servir como meio pelo qual o Espírito Santo de Deus opera na vida das pessoas para convencê-las de sua separação pecaminosa de Deus e da necessidade de se converterem ao evangelho de Jesus Cristo e viverem de acordo com seus ensinamentos.

Parte Três
"O mundo"

Capítulo 8
Criado e Evoluído

Cresci acampando com minha família todo verão no Parque Nacional de Yosemite e adorava tudo ali, especialmente as impressionantes formações geológicas esculpidas por geleiras ao longo de milhões de anos. Mas as histórias que aprendi sobre evolução geológica e biológica na escola, na ciência e até mesmo nos parques nacionais não correspondiam ao que eu aprendia na igreja. Embora a igreja que frequentei quando criança não tivesse uma posição oficial sobre criação e evolução, o padrão era um apelo simplista a uma afirmação criacionista de uma Terra jovem que não havia evoluído. Quando perguntas eram feitas a familiares e amigos da igreja, muitas vezes eu recebia declarações parciais, inconstantes ou acríticas, consideradas piedosas, mas que eram pessoal, espiritual e cientificamente prejudiciais.

É impressionante como alguns cristãos vivem em contínua negação da ciência. Amam a ciência quando ela lhes dá dinheiro, os ajuda a prever o tempo ou lhes proporciona prazer como entretenimento ou saúde. Mas odeiam a ciência e os cientistas quando falam sobre a origem do universo (o que ofende suas interpretações simplistas da história da criação), a evolução biológica (o que ofende sua compreensão simplista do que significa ser humano) ou as mudanças climáticas globais (mesmo que planejem seu trabalho ou férias com base na ciência meteorológica). Sem querer, essas visões simplistas da ciência deixam seus entes queridos mais vulneráveis ainda mais vulneráveis: as crianças. Quando crianças cristãs vão à escola, muitas vezes não estão preparadas — tanto intelectual quanto emocionalmente — para lidar com as incongruências que lhes são ensinadas sobre ciência e religião. Alguns pais lidam com a incongruência contribuindo para a negação do tema, retirando seus filhos das escolas públicas. No final, as crianças ficam vulneráveis se não receberem uma educação baseada em fatos sobre questões científicas.

À medida que fui envelhecendo, fui me convencendo cada vez mais do ditado: Toda verdade é a verdade de Deus. As Escrituras nos falam principalmente sobre assuntos espirituais e religiosos, enquanto a ciência nos fala sobre verdades empíricas e comportamentais que podem ser medidas quantitativamente, qualitativamente e de outras maneiras. Da mesma forma, à medida que a ciência ocidental se desenvolveu durante a Idade Média, os cristãos falavam sobre dois livros: o Livro da Natureza e o Livro das Escrituras. Estes são livros em um sentido metafórico e literal. Podemos "ler" sobre a grandiosidade de Deus nas maravilhas do mundo criado, assim como podemos ler sobre Deus nas Escrituras. Embora haja sobreposição entre os dois livros, o alcance de sua compreensão, competência e autoridade diferia. Os cristãos às vezes sentem que precisam escolher entre os dois: o livro da natureza e o livro das Escrituras. Mas, na realidade, ambos os livros têm muito a nos dizer sobre Deus e a criação, e podemos lê-los juntos.

Livro de Gênesis

O primeiro livro das Escrituras é Gênesis, que significa "origem", e contém histórias sobre a origem do mundo, das pessoas, do pecado e muito mais. Como devemos interpretar essas histórias — esses relatos de como as coisas surgiram antes que houvesse pessoas para observá-las? Ao longo da história da Igreja, houve muitas interpretações. Alguns acreditam que o universo e a Terra são jovens, com não mais de 6.000 a 10.000 anos de idade, com base em uma interpretação literal das datas em Gênesis. Outros cristãos acreditam que Deus criou todas as coisas, mas que existem explicações para o porquê de a Terra ter milhões e bilhões de anos. Por exemplo, uma recriação ou "lacuna" no tempo pode ter ocorrido após Gênesis 1:1, ou referências bíblicas a seis dias da criação podem ter significado uma era ou época de tempo, que durou muito mais do que um dia de 24 horas. Outros ainda acreditam que as histórias da criação eram produções literárias destinadas a contrastar as crenças judaicas com as de outras histórias da criação do Oriente Próximo, que eram prevalentes no mundo antigo. Como tal, eles contêm ensinamentos teológicos importantes, mas não descrições científicas do mundo.

Na igreja primitiva, líderes cristãos como Orígenes e Agostinho não acreditavam que a interpretação literal das histórias da criação fosse a melhor interpretação de Gênesis. Muitas incongruências cronológicas e lógicas ocorrem, e por isso eles argumentaram que uma interpretação simbólica ou alegórica era melhor, visto que tais interpretações antecipavam (ou profetizavam) ensinamentos cristãos mais importantes sobre a salvação. Alguns cristãos acreditam que as pessoas só começaram a questionar a interpretação literal da Bíblia nos tempos modernos, após o surgimento da ciência moderna e da teoria da evolução de Darwin no século XIX. Este simplesmente não é o caso, como os escritos de Orígenes e Agostinho podem atestar. Mas, desde o surgimento da ciência e da evolução, muitos cristãos têm baseado a verdade de sua interpretação de toda a Escritura em uma interpretação literal de Gênesis, estabelecendo uma "ciência da criação" a fim de legitimar algumas das incongruências entre suas alegações e as de cientistas revisados por pares.

Criação Ex Nihilo

Independentemente da interpretação que se faça de Gênesis, os cristãos acreditam que Deus — em última análise — criou o universo e as pessoas. Na linguagem da igreja primitiva, Deus criou "do nada" (lat., *ex nihilo*). Essa afirmação contrastava o cristianismo com visões alternativas da criação que entendiam Deus como um modelador artístico da realidade preexistente, um Deus finito e não infinito. Os cristãos concordavam que Deus criou todas as coisas, o que teve profundas implicações para a humanidade.

Consideremos algumas das implicações da criação *ex nihilo*. Primeiro, Gênesis diz que a criação foi "boa". Essa bondade inclui o mundo físico em que vivemos. Em contraste com as religiões judaico-cristãs, que enfatizavam apenas a bondade das realidades espirituais, o cristianismo afirmava a bondade do mundo, de nossos corpos físicos e de como alguém tratava o mundo físico. Segundo, Deus criou o mundo com propósito ou intencionalidade. Não era um mundo aleatório, no qual nada é de importância suprema. Em vez disso, há um propósito tanto para o mundo quanto para as pessoas nele, que abrange sua existência física.

Lamentavelmente, os cristãos nem sempre valorizaram a dimensão física do mundo em que vivem tanto quanto a dimensão espiritual. Como resultado, os cristãos têm sido criticados por serem tão voltados para o céu que não têm utilidade terrena. Essa omissão é especialmente lamentável, visto que, em Gênesis 1:28, as pessoas são instruídas por Deus a ter "domínio" sobre o mundo, juntamente com outras instruções. No entanto, ao longo dos séculos, parece que as pessoas — incluindo, e às vezes principalmente, os cristãos — entenderam seu domínio sobre o mundo como uma permissão para explorá-lo, em vez de cuidar dele. Alguns cristãos contemporâneos defendem o que descrevem como "cuidado com a criação", ou ambientalismo cristão, que honra a instrução de Deus para ter domínio, em vez de explorar para si mesmo a boa criação de Deus.

Religião e Ciência

Embora se possa afirmar que toda verdade é a verdade de Deus, como a religião e a ciência devem se relacionar? Ian Barbour fala sobre quatro tipos de relacionamento: conflito, independência, diálogo e integração. O conflito parece improdutivo, tanto para a ciência quanto para a religião. A independência da ciência e da religião parece simplesmente deixar ambas em um estado perpétuo de negação. O diálogo certamente precisa ocorrer, mesmo que a comunicação mutuamente satisfatória tenha sofrido com altos e baixos. A integração pode parecer ideal, mas tais esperanças estão distantes no futuro. Enquanto isso, o diálogo parece o mais realista, embora os cristãos historicamente tenham sido inconsistentes em seu diálogo com os cientistas. Mesmo que os cristãos afirmem que os cientistas têm sido igualmente inconsistentes (ou piores), cabe aos cristãos buscar maior compreensão, tanto científica quanto teologicamente, se sua apresentação do Evangelho deve ter integridade, dada a amplitude de suas afirmações de cosmovisão.

Ao longo da história da igreja, os cristãos vacilaram em sua compreensão da ciência e da religião. Alguns enfatizaram uma cosmovisão sobrenaturalista (por exemplo, sobrenaturalismo, ocasionalismo) na qual os eventos da natureza e a tomada de decisões humanas são predeterminados por Deus, antes da criação do mundo. Esse ponto de vista é convincente por uma série de razões, entre as quais a que atribui todo o poder e todos os eventos à soberania de Deus. Apesar de uma consideração piedosa pela soberania de Deus, a maioria dos cristãos não vive dessa maneira. Nem a maioria de suas teologias a defende. Por exemplo, quando foi a última vez que você ouviu um cristão dizer que o supermercado ficou sem bananas porque Deus predeterminou que seria assim? Ou, em uma nota mais séria, quantos cristãos acreditam firmemente que Deus predeterminou que uma pessoa teria câncer ou cometeria suicídio?

Em vez disso, a maioria tem afirmado um naturalismo cristão — consciente ou inconscientemente — que afirma Deus como a causa primária dos fenômenos naturais e humanos, mas que permite uma causalidade secundária. Como tal, a natureza e as pessoas têm um poder intrínseco que lhes permite, pela graça de Deus, uma medida de independência. Por exemplo, a natureza funciona de acordo com leis físicas, que podem ser estudadas e compreendidas independentemente da causalidade sobrenatural. A natureza evolui devido a eventos aleatórios que ocorrem, devido a dinâmicas físicas, biológicas e comportamentais. Portanto, nos beneficiamos de estudos científicos da natureza. Quando surgem conflitos aparentes entre ciência e religião (por exemplo, Terra plana, Terra como o centro do universo), os cristãos podem precisar ajustar tanto sua compreensão da ciência quanto da religião. Isso inclui suas interpretações das Escrituras. Se de fato toda a verdade é a verdade de Deus, então as interpretações pré-modernas e pré-científicas das Escrituras não deveriam continuar, apenas porque representam tradições de interpretação de longa data.

Em relação às pessoas, os cristãos, em sua maioria, acreditam que todos têm um grau de independência ou liberdade. Caso contrário, como Deus poderia responsabilizar as pessoas pelo pecado, se elas não têm responsabilidade pessoal por suas decisões? É claro que as pessoas não têm liberdade absoluta. Existem muitos limites para a liberdade; as pessoas são finitas, vivem em diversos contextos, pessoal e socialmente, e também se acredita que lutam contra os poderes do pecado e do mal. Seja como for, os cristãos, em sua maioria, acreditam que eles (e todas as pessoas) têm um grau de liberdade, mas que ainda precisam da assistência graciosa de Deus para sua salvação.

Assim como há elementos de aleatoriedade na natureza, há elementos de aleatoriedade nos eventos da vida. Nem todo evento revela um plano divino meticuloso; em vez disso, as circunstâncias ocorrem devido a eventos aleatórios, azar ou decisões imprudentes — por decisões próprias ou alheias. Os planos de Deus podem ser pensados como ocorrendo em termos mais gerais, fornecendo um contexto no qual causas secundárias se aplicam, em vez de acreditar que Deus causa tudo meticulosamente. Assim, o estudo científico e comportamental da humanidade pode auxiliar pessoas, bem como cristãos, a entender e responder às circunstâncias da vida.

Cristianismo e Evolução

Ao contrário da crença popular, os cristãos podem se beneficiar da teoria da evolução, juntamente com suas pesquisas contínuas sobre realidades biológicas e outras realidades físicas. Cristianismo e evolução não são mutuamente exclusivos, pelo menos não na medida em que a evolução seja vista em suas micromanifestações como uma ferramenta científica investigativa. Quando a evolução se torna uma explicação para todas as coisas, deixa de ser uma teoria científica semelhante a outras teorias científicas (por exemplo, gravidade, relatividade). Em vez disso, torna-se uma visão de mundo, um "ismo", que pretende servir como uma macroexplicação para toda a vida. Tal intenção requer tanta crença quanto qualquer outra visão de mundo e se torna menos persuasiva tanto para a religião quanto para a ciência.

Enquanto isso, os cristãos se beneficiam enormemente dos avanços científicos advindos da teoria da evolução. Eles aprendem lições importantes sobre a fisiologia humana, os desenvolvimentos biológicos passados e a perspectiva de desenvolvimentos futuros que podem ajudá-los por razões que vão além da medicina. Em vez de perder tempo em conflito com a ciência, os cristãos fariam bem em dialogar com ela e aprender como sua fé, incluindo sua compreensão das Escrituras e da vida cristã, pode se beneficiar da pesquisa científica e comportamental.

Os benefícios da ciência já existem, sendo implementados tanto por cristãos quanto por igrejas, por exemplo, aplicando insights psicológicos e sociológicos. No entanto, eles frequentemente deixam de atribuir esses benefícios à ciência. Em vez disso, acrescentam versículos bíblicos a insights científicos comportamentais, alegando desonestamente que as Escrituras os previram.

Talvez os cristãos precisem começar sua compreensão histórica do judaísmo e do cristianismo com Abraão, mais do que com Gênesis 1-11. Lições teológicas podem ser aprendidas com as histórias da criação, mas seu benefício advém mais do que ensinam sobre Deus, a humanidade e o pecado, do que do que ensinam sobre geologia e biologia. Mas tal perspectiva não deve ser considerada mais assustadora do que para aqueles que viveram durante os séculos XV e XVI, quando os cristãos precisavam lidar cientificamente com as evidências de que o mundo não é plano nem o centro do universo.

Comentários finais

Como cristão, considero a teoria da evolução libertadora, visto que não vejo religião e ciência em conflito. Às vezes, podemos precisar aprimorar nossa compreensão das Escrituras com dados empíricos, o que aprimora nossa visão de mundo como cristãos, tanto científica quanto religiosamente. Na prática, fazemos isso o tempo todo na medicina, na agricultura e em outras áreas da vida cotidiana. Quanto nos beneficiamos, em termos médicos, de estudos evolucionários que levaram a avanços na resistência bacteriana a antibióticos e em vacinas? Quanto nos beneficiamos, em termos agrícolas, de princípios evolucionários no melhoramento de culturas, na domesticação de animais e na resistência a pragas?

Muitas pessoas, especialmente crianças, são vulneráveis a confusões e conflitos desnecessários, devido à relutância dos cristãos em reconhecer que toda a verdade é a verdade de Deus. Afinal, não cabe aos cristãos defender Deus; Deus não precisa ser defendido. Em vez disso, Deus quer que os cristãos proclamem o evangelho, conforme encontrado nas Escrituras, mesmo que as Escrituras não abordem todas as questões ou preocupações concebíveis que as pessoas têm sobre a natureza do universo.

Capítulo 9
Pessoas e a Imagem de Deus

Ao ler definições sobre o que significa ser humano, muitas vezes são fornecidas informações empíricas e biológicas: Pessoas representam mamíferos primatas bípedes (*Homo sapiens*), com desenvolvimento cerebral avançado e capacidade de raciocínio e fala, o que contrasta com outros animais. Embora biologicamente correto, a maioria das pessoas diria que ser humano envolve mais. Muito mais! Mas o que mais envolve? Como comunicamos a facilidade das pessoas em cultura, arte, música, esportes, ciência e tecnologia? Como comunicamos os valores das pessoas, por exemplo, amor: amor por si mesmo? amor pelas crianças? amor pelos amigos, comunidade ou nação? Existem muitos aspectos intangíveis do que significa ser humano — aspectos que a maioria das pessoas não gostaria de negar ou reduzir a funções biológicas e/ou eletroquímicas — e ainda assim difíceis de provar ou explicar empiricamente por meio da ciência.

As Escrituras falam sobre as pessoas como sendo criadas à imagem de Deus, e essa afirmação influenciou profundamente a maneira como judeus e cristãos entendem o que significa ser humano. Gênesis afirma que Deus criou as pessoas e que elas foram criadas exclusivamente à imagem de Deus. Gênesis 1:27 diz: "Criou Deus, pois, o homem à sua imagem; à imagem de Deus os criou; homem e mulher os criou." As Escrituras não dizem precisamente o que significa ser criado à imagem de Deus. Muitas teorias, como se pode imaginar, surgiram. No entanto, o consenso tem sido de que as pessoas são diferentes e que a observação fenomenal e a pesquisa científica, por si só, são insuficientes para encapsular a totalidade do que significa ser humano.

Existem explicações conflitantes para o que significa ser humano, todas baseadas em alguma suposição ideológica ou ato de fé: Hinduísmo? Judaísmo? Budismo? Cristianismo? Islamismo? Cientificismo? Evolucionismo? Humanismo? Os cristãos argumentam que as explicações para o que significa ser humano serão todas insuficientes se excluírem uma dimensão espiritual, ou uma dimensão de relacionamento com o divino, isto é, Deus. Esta é uma declaração de fé, é claro, mas os cristãos dizem que é uma afirmação razoável, dado tudo o que sabemos sobre as pessoas — do passado e do presente.

Imago Dei

A imagem de Deus (lat., *imago Dei*) encapsula para os cristãos a singularidade do que significa ser humano. Apesar da importância que os cristãos dão à imagem de Deus nas pessoas, não há consenso quanto ao seu significado. Em Gênesis, muito se fala sobre o que significa ser humano em relação à sua aparência, ao que eles são e como eles têm múltiplos relacionamentos, incluindo um relacionamento com Deus. Mas nem Gênesis nem outras passagens das Escrituras definem precisamente o que significa ser feito à imagem de Deus.

Ao longo da história da Igreja, várias tentativas foram feitas para compreender a imagem de Deus. Alguns pensaram que existe uma explicação substancial. Por exemplo, acredita-se que as pessoas refletem a imagem de Deus devido à sua racionalidade, espiritualidade ou algum outro aspecto substancial de quem são, como uma alma. Outros pensaram que existe uma explicação funcional. Por exemplo, Deus ordenou que as pessoas fossem morais, e elas refletem a imagem de Deus na medida em que agem moralmente; ou Deus ordenou que as pessoas tivessem domínio sobre o mundo, e elas refletem a imagem de Deus na medida em que têm domínio. Outros ainda pensaram que existe uma explicação relacional. Por exemplo, as pessoas refletem a imagem de Deus na medida em que estão em um relacionamento correto com Deus, consigo mesmas ou com os outros. Na minha opinião, cada ponto de vista contribui para a totalidade do que significa ser humano, sem esgotar todas as suas dimensões, visto que pode haver coisas novas que ainda precisamos aprender sobre a plenitude da imagem de Deus.

Seja qual for o significado de refletir a imagem de Deus, provavelmente envolve mais do que o que as pessoas são individualmente. Visto que as Escrituras afirmam que tanto homens quanto mulheres foram criados à imagem de Deus, nenhum indivíduo necessariamente reflete tudo isso. Em termos gerais, os cristãos argumentariam que algum tipo de espiritualidade e relacionalidade, incluindo o relacionamento das pessoas com Deus, está inextricavelmente ligado ao que significa ser humano — verdadeiramente humano, como as Escrituras descrevem as pessoas como sendo à imagem de Deus. As pessoas podem ser estudadas e ajudadas de muitas maneiras, mas a plenitude de quem elas são não pode ser alcançada até que sua espiritualidade e relacionamento com Deus sejam reconhecidos, priorizados e corrigidos.

O que é a alma?
Às vezes, as pessoas pensam que ser (ou ter) uma alma as torna únicas, até mesmo espiritualmente únicas. As Escrituras certamente fazem inúmeras referências à alma das pessoas. Mas o conceito de alma não era exclusivo de judeus e cristãos. Referências a ela aparecem em todo o antigo Oriente Próximo, tanto entre religiosos quanto entre não religiosos. Como resultado, os cristãos provavelmente se confundem quanto à existência ou não de um consenso sobre o que se deve acreditar a respeito da natureza da alma.

Para os cristãos, parte do problema é que as Escrituras não fornecem nenhuma declaração determinante sobre as almas. Às vezes, as pessoas são descritas como tendo corpo e alma (por exemplo, Mateus 10:28), o que sugere uma visão dualista ou dicotômica das pessoas. Outras vezes, as pessoas são descritas como tendo corpo, alma e espírito (por exemplo, 1 Tessalonicenses 5:23), o que sugere uma visão tricotômica das pessoas. Debates contemporâneos têm continuado entre os cristãos a respeito de se as pessoas *têm* alma, que é uma realidade espiritual, ou se *são* corpos espirituais, que não possuem almas discretas per se (por exemplo, fisicalismo não reducionista).

Estariam os autores bíblicos fazendo pronunciamentos ontológicos, especificando que referências categóricas às pessoas sejam feitas exclusivamente a ter corpo e alma, ou a ter corpo, alma e espírito? Não creio. Creio que as Escrituras contêm uma variedade de referências ao que significa ser humano, sem articular uma única maneira correta de encarar a questão. Por exemplo, ao descrever o maior mandamento, Jesus disse às pessoas para amarem a Deus de todo o coração, alma, mente e força (Marcos 12:30), mas essa referência representa uma visão tetracotômica, ou de quatro partes, das pessoas? As Escrituras estão repletas de muitas imagens para comunicar a necessidade de se atentar a questões espirituais, e não necessariamente a descrições rígidas do que significa ser humano. Sim, é correto referir-se às pessoas como almas, com identidades espirituais. Mas as referências bíblicas à alma de uma pessoa têm mais a ver com falar genericamente sobre um "eu" individual, do que com uma estrutura filosófica para o eu, distinguível do corpo, espírito, coração, mente ou força de alguém.

Se a alma é uma referência geral e descritiva a si mesmo, então as pessoas podem ser consideradas uma unidade complexa, mais do que um conglomerado de partes individuais. Os cristãos de hoje podem debater entre diferentes teorias sobre as pessoas: visões dualistas e monistas, visões reducionistas e não reducionistas, e assim por diante. No entanto, pensar sobre a unidade complexa das pessoas nos ajuda a lembrar, primeiro, que as pessoas são indivíduos e que a individualidade é um aspecto inescapavelmente importante sobre quem elas são, e segundo, que pode não haver fim para o aprendizado sobre a complexidade de quem as pessoas são e a variedade de relacionamentos que elas têm. Suspeito que, quanto mais vivermos, mais aprenderemos sobre nós mesmos com a ciência e as ciências comportamentais, bem como com as Escrituras.

Individual e Social

Com muita frequência, as pessoas se consideram indivíduos — como indivíduos rústicos, pessoas que se fizeram por si mesmas, ilhas no mar. O individualismo da sociedade ocidental reforçou essa compreensão das pessoas, distanciando-as, inclusive os cristãos, umas das outras. No entanto, na história mundial, bem como na história da Igreja, o individualismo é relativamente novo; isto é, a noção de que as pessoas são autossuficientes e devem ser livres para agir, independentemente de relações coletivas ou sociais. As Escrituras, bem como a maior parte da história da Igreja, oferecem uma perspectiva diferente.

Embora a humanidade seja composta de indivíduos, eles estão inextricavelmente ligados uns aos outros. No Antigo Testamento, Deus lidou com Israel como nação, bem como com os indivíduos nela. No Novo Testamento, Deus lidou com a igreja como um todo, bem como com os indivíduos nela. Quando as pessoas hoje, especialmente os cristãos, pensam que os direitos individuais superam os direitos sociais e que o bem-estar individual não tem nada a ver com o bem-estar social, então ocorreu uma grande perda. Essa perda pode até incluir a perda do que se entende por imagem de Deus nas Escrituras. Não há razão para pensar que a imagem de Deus deva ser entendida individualisticamente. Assim, os cristãos devem se preocupar tanto com o bem-estar de suas relações sociais quanto com o seu próprio bem-estar. Essa compreensão social do que significa ser humano coincide com o mandamento de Jesus de amar o próximo como a nós mesmos. Nosso próximo não se limita a amar as pessoas individualmente; inclui o amor a grupos de pessoas, e não apenas à nossa família ou amigos próximos, tribo ou nação.

Embora não haja correlação necessária entre a trindade e a imagem de Deus na qual as pessoas foram criadas, a relação entre pai, filho e Espírito Santo deve nos lembrar que a relacionalidade não é incidental ao que significa ser humano. Se os cristãos desejam amar o próximo como a si mesmos, não devem se preocupar apenas com o bem-estar espiritual, físico e moral das pessoas que encontram. Devem também se preocupar com o bem-estar espiritual, físico e moral de grupos de pessoas — local, nacional e mundialmente.

Masculino e Feminino

Gênesis 1:27 afirma que tanto homens quanto mulheres foram criados à imagem de Deus, sugerindo igualdade na qualidade de quem são. Ao longo da história, no entanto, o patriarcado dominou os relacionamentos entre homens e mulheres, e as Escrituras têm sido consideradas como corroboradoras de uma relação hierárquica na qual os homens sempre têm autoridade sobre as mulheres. Assim, o patriarcado tem a ver com a estruturação da sociedade segundo a linhagem masculina, com os homens governando as mulheres e priorizando os interesses dos homens sobre os das mulheres e das crianças. Os defensores contemporâneos do patriarcado às vezes preferem usar o termo complementar, visto que não tem a mesma conotação negativa que o patriarcado. Esses defensores argumentam que os diferentes papéis e funções desempenhados por homens e mulheres são considerados complementares, em vez de diminuí-los. Mas eles mantêm essa visão ao afirmar que os homens são os líderes e chefes naturais da sociedade.

Às vezes, o patriarcado é considerado determinado pela ordem hierárquica da criação de Deus e, portanto, opor-se ao patriarcado é opor-se a Deus. Às vezes, o patriarcado é considerado resultado da queda da humanidade no pecado e, portanto, a subordinação das mulheres aos homens é uma punição justa. Outros ainda argumentam que existe hierarquia dentro da trindade e, portanto, as mulheres devem se submeter a uma revelação paternalista da natureza trinitária de Deus.

Embora indícios de igualitarismo tenham surgido ao longo da história da Igreja, somente recentemente as mulheres passaram a ter oportunidades iguais por parte dos cristãos no casamento, na sociedade e até mesmo na liderança da Igreja. Não há um único argumento utilizado; no entanto, aqui estão alguns argumentos bíblicos usados para libertar a sociedade do patriarcado. Primeiro, há exemplos de mulheres líderes nas Escrituras (por exemplo, Débora, Miriã, Maria Madalena, Priscila). Segundo, o patriarcalismo não está consistentemente presente nas Escrituras. Notavelmente, os escritos de Paulo são inconsistentes no que diz respeito aos papéis de gênero; às vezes ele fala sobre como as mulheres devem ficar em silêncio na igreja, e outras vezes ele fala sobre como elas devem falar publicamente na igreja (1 Co 11:4-5, 16, vis-à-vis, 1 Co 14:33b-35). Terceiro, o Espírito Santo concedeu dons iguais a homens e mulheres, e a negação do exercício desses dons impede a obra de Deus (Atos 2:17; 1 Coríntios 12:4-11). Quarto, princípios de equidade são promovidos, por exemplo, em Gálatas 3:28: "Já não há judeu nem grego; já não há escravo nem livre; já não há homem nem mulher; porque todos vós sois um em Cristo Jesus." Quinto, o debate sobre a interpretação de palavras específicas, por exemplo, "liderança", pode se referir à "fonte" da vida de alguém em vez de "autoridade" sobre a vida de alguém (Efésios 5:23; 1 Coríntios 11:3); cf. submissão mútua encontrada em Efésios 5:21. Por fim, se a subordinação das mulheres é considerada devida à queda da humanidade no pecado, então essa maldição deve ser anulada, assim como os cristãos buscaram anular outras maldições, por exemplo, tornando mais fácil o cultivo ou aliviando a dor do parto (ver Gênesis 3:8-21).

Comentários finais

O que torna as pessoas únicas? Essa é uma pergunta difícil, que cientistas e cristãos têm tido dificuldade em responder. Sem dúvida, continuaremos a aprender mais sobre o que significa ser humano à medida que cientistas e cientistas comportamentais realizam mais pesquisas e os cristãos consideram essas descobertas em relação às suas crenças, valores e práticas.

Os seres humanos são, naturalmente, diferentes uns dos outros. Identificamo-nos com diferentes gêneros, raças, grupos culturais, nacionalidades, religiões e muito mais. É importante lembrar que só porque somos diferentes não significa que nossas diferenças sejam sempre base para avaliação hierárquica. Os seres humanos são complementares uns aos outros — nossas diferenças nos tornam melhores juntos do que separados. Mas só porque somos complementares não significa que um tipo de pessoa mereça mais poder do que outro. Podemos ser complementaristas, por exemplo, sem ser patriarcais.

Enquanto isso, os cristãos sustentam que as pessoas são mais do que sua constituição física e biológica. Para que as pessoas sejam compreendidas, respeitadas e tratadas com justiça, devemos também considerar seu estado espiritual, que reflete a imagem de Deus à qual foram criadas. Portanto, todas as pessoas devem ser vistas e tratadas como inerentemente valiosas, dignas de amor.

Capítulo 10
O Problema do Mal

Há uma famosa conversa entre dois irmãos no romance *Os Irmãos Karamazov*, de Fiódor Dostoiévski, que resume o que ficou conhecido como o problema do mal. A conversa ocorre entre Aliócha, que acreditava em Deus e se preparou para o sacerdócio, e seu irmão Ivan, que lutava profundamente com a crença em Deus devido à extensão do mal, da dor e do sofrimento no mundo. Em particular, Ivan lamentou a tortura de crianças inocentes na Rússia, algumas das quais foram brutalizadas até a morte ou jogadas vivas para serem devoradas por cães. Ivan reconheceu que muitos adultos sofrem compreensivelmente por suas transgressões, mas que o mesmo não era verdade para as crianças mais novas. De sua perspectiva, o sofrimento de até mesmo uma criança inocente questionava a legitimidade da crença em um Deus todo-poderoso e amoroso.

A maioria das pessoas já vivenciou sofrimento suficiente em suas próprias vidas, ou tem consciência suficiente dele na vida de outras pessoas, para se solidarizar com a frustração e os questionamentos que surgem da crença em Deus em um mundo onde o mal, o pecado, a dor e o sofrimento existem. Cristãos e não cristãos admitiram que o problema do mal representa provavelmente o maior obstáculo para eles, intelectual e existencialmente, na forma como entendem Deus ou se relacionam com Ele.

Claro, pode-se argumentar que o problema do mal só existe para aqueles que creem em Deus. Se Deus não existe, então qual é o problema? Se Deus não existe, então a dor e o sofrimento não são meramente uma questão de azar? Afinal, o conceito de mal não é um termo religioso, que não tem lugar em uma cosmovisão científica ou evolucionista? Na minha opinião, porém, todos estão instintivamente cientes e, por uma questão de consciência, são sensíveis à dor e ao sofrimento generalizados. É dever dos cristãos tentarem responder às perguntas sinceras que surgem, se esperam ter integridade ao compartilhar sua compreensão de Deus.

Formulando as questões

O problema lógico do mal remonta, pelo menos, à época do filósofo grego Epicuro. Em relação à crença em Deus, ele propôs o problema do mal enunciando três proposições insolúveis:

Deus é todo poderoso.
Deus é todo-amoroso.
O mal existe.

Ou Deus é poderoso, mas não suficientemente amoroso para vencer o mal, ou Deus é amoroso, mas não suficientemente poderoso para vencer o mal. Pode-se negar a existência do mal, mas essa perspectiva negaria toda a dor e o sofrimento que as pessoas vivenciam.

De uma perspectiva lógica, os cristãos argumentam que sua crença em Deus não é irracional. Em vez disso, argumenta-se que a lógica do problema foi formulada de forma injusta. Uma compreensão alternativa do problema pode ser vista da seguinte forma:

Deus é todo poderoso e amoroso.
O mal existe.
Há uma razão moralmente suficiente para a existência do mal.

A questão permanece: qual é a razão moralmente suficiente para a existência do mal?

Na história da Igreja, surgiram diversas explicações para a existência do mal, mas não há consenso entre os cristãos. Essas explicações têm sido descritas como exemplos de teodiceia (grego: *theos,* "Deus" + *dike,* "justiça, direito") — argumentos a favor da retidão e da bondade de um Deus todo-poderoso em um mundo onde o mal existe.

Alguns cristãos, de forma útil, fizeram distinções entre o que uma teodiceia realiza. É uma prova racional (e empírica) ou uma defesa razoável? Semelhante aos argumentos a favor da existência de Deus, não espero que argumentos a favor da justiça e da bondade de um Deus todo-poderoso em um mundo onde o mal existe convençam muitas pessoas, pelo menos não com base apenas em argumentação racional e empírica. Como o cristianismo se baseia na fé, e não na clarividência — racional e empiricamente —, os cristãos precisam apenas demonstrar a razoabilidade de sua fé, em vez de apresentar argumentação proposicional, que provavelmente morrerá de mil qualificações. Embora a fé consista em componentes racionais e empíricos, ela tem tanto ou mais a ver com questões relacionais, morais ou de confiança que as pessoas têm com Deus. Portanto, vejamos algumas teodiceias tradicionais que surgiram na história da igreja para compreender melhor sua compreensão da razoabilidade de sua crença cristã em Deus, em um mundo onde o mal existe.

Teodiceias

Várias teodiceias têm sido apresentadas como tentativas de fornecer razões moralmente suficientes para explicar por que um Deus todo-poderoso e todo-amoroso criaria um mundo no qual o mal, o pecado, a dor e o sofrimento ocorrem. A teodiceia mais proeminente é a defesa do livre-arbítrio, mais frequentemente associada a Agostinho. Agostinho não acreditava que Deus criou o mal. Em vez disso, o mal representa uma privação ou corrupção da boa criação de Deus, especialmente por parte das pessoas. Depois que as pessoas agiram pecaminosamente, Deus as puniu com justiça. A partir daí, as pessoas herdam umas das outras uma propensão inata ao pecado, desde a origem do pecado, o que as torna moralmente corruptas e totalmente carentes da graciosa ajuda de Deus para salvá-las da condenação.

Embora as pessoas sejam culpadas pelo pecado, não está claro como um Deus todo-poderoso e todo-amoroso não teria previsto a maldade e o pecado das pessoas e, portanto, assumido responsabilidade implícita por elas. Culpar Satanás não resolve o problema do mal, visto que se acredita que ele tenha sido uma criação de Deus, assim como os seres humanos. Portanto, pode-se empurrar a teodiceia do livre-arbítrio para um tempo anterior à criação do ser humano, mas isso não resolve a questão de por que Deus permite que o mal ocorra no mundo.

Uma teodiceia alternativa de formação de almas está associada ao bispo Irineu, do século II. A teodiceia de formação de almas reconhece que Deus sabia que as pessoas sucumbiriam ao mal e ao pecado, através do abuso de seu livre-arbítrio. Mas as pessoas só podem exercer verdadeiramente a imagem de Deus, na qual foram criadas, se viverem em um mundo em que o bem nem sempre vence, e em que o mal às vezes vence. As pessoas só podem aprender a desenvolver fé, esperança e amor (assim como sabedoria, moderação, justiça, coragem e outras virtudes) onde precisam lutar e perseverar, intelectualmente e de outras maneiras.

Faz sentido que a qualidade de uma alma exija um contexto em que as pessoas sejam desafiadas física, moral e espiritualmente. No entanto, parecem ocorrer casos de maldade e pecado que não oferecem nenhuma oportunidade de crescimento, ou seja, não há um fim teleológico discernível. Atos aleatórios de violência, por exemplo, ou dor e sofrimento impostos às crianças mais novas não parecem propícios ao crescimento do caráter. Além disso, alguns casos de maldade e pecado parecem excessivos, novamente não proporcionando oportunidades para que pessoas em situações extremas de dor e sofrimento aprendam com eles.

Essas teodiceias podem não satisfazer todas as questões e preocupações relacionadas à crença em um Deus todo-poderoso e todo-amoroso em um mundo onde o mal existe. Mas elas pretendem fornecer explicações plausíveis para as crenças dos cristãos. Para a maioria das pessoas, o problema do mal não é tanto um problema intelectual, mas sim um problema de experiência vivida; é um problema existencial relacionado ao seu bem-estar físico, emocional e relacional. As teodiceias podem começar a ajudá-las a explicar por que têm fé, mas a vitalidade de sua fé envolve mais do que argumentação racional e empírica.

O Félix Culpa

Existem vários pontos em comum entre as teodiceias cristãs. Provavelmente, o mais significativo pode ser resumido por um antigo hino, que começa com as palavras:" *O felix culpa*". (Latim, "oh crime afortunado" ou "oh queda feliz"). O argumento é que um bem maior ocorre se as pessoas tiverem a liberdade de escolher, mesmo que algumas escolham o mal, do que nunca terem tido a liberdade de escolher. Se as pessoas tivessem sido criadas sem liberdade de escolha, suas vidas teriam sido programadas roboticamente. Da mesma forma, se as pessoas tivessem sido criadas sem liberdade de escolha, como poderiam experimentar o amor — a mais alta virtude cristã? Uma medida de mutualidade é necessária para que o amor ocorra entre duas pessoas.

Mesmo que existam diferenças básicas entre as pessoas, por exemplo, entre pais e filhos, ou entre Deus e as pessoas, é preciso haver liberdade contínua que genuinamente permita que as pessoas escolham. Embora Deus corra o risco, por assim dizer, de que nem todas as pessoas escolham acreditar em Deus, se relacionar com Ele ou amá-Lo, um bem maior ocorre quando as pessoas têm liberdade, apesar da ocorrência — às vezes sem um propósito aparente, às vezes de forma excessiva — do mal, do pecado, da dor e do sofrimento.

Friedrich Leibnitz propôs uma teodiceia, afirmando que vivemos no "melhor dos mundos possíveis ". Para seus críticos, a teodiceia de Leibnitz parecia risível, senão horripilante. Não é preciso muita imaginação, argumentavam os críticos, para imaginar um mundo melhor do que aquele em que vivemos: menos dor? mais prazer? Mas Leibnitz argumentava que, dados todos os mundos possíveis que Deus poderia ter criado — com maiores e menores graus de liberdade humana permitidos —, vivemos no contexto mais bem proporcionado para que a bondade, o amor e o poder de Deus se manifestem em benefício das pessoas. Embora se possa imaginar circunstâncias melhores em qualquer situação, Leibnitz argumentava que a criação como um todo — para todas as pessoas, para todos os tempos e lugares — é o melhor dos mundos possíveis.

Crucialidade de Jesus

Nenhuma teodiceia, nenhuma defesa da bondade e do amor de Deus, estaria completa sem considerar a pessoa, a vida, a morte e a ressurreição de Jesus. Pode parecer óbvio que esse seja o caso, mas, em tempos de dor e sofrimento, as pessoas nem sempre olham para Jesus com a frequência necessária. Como dizem as Escrituras, Deus se compadeceu e se importou tanto com os problemas do mal, do pecado, da dor e do sofrimento que veio à Terra. Deus veio à Terra na pessoa de Jesus para se identificar e sofrer com as pessoas, e para prover um caminho definitivo para escapar da finitude da vida humana, bem como dos efeitos do pecado, da morte e da condenação.

A promessa de vida eterna pode não parecer suficiente para todo o mal, pecado, dor e sofrimento que ocorrem, e não estou dizendo que seja. Na minha opinião, não há como ignorar as injustiças, a violência, a catástrofe, o choro e a tristeza que as pessoas vivenciam. Mas o que posso afirmar é que Deus não nos deixou experimentar dor e sofrimento sozinhos. Deus esteve conosco no passado, por meio da vida, morte e ressurreição de Jesus, e continua conosco no presente, por meio da pessoa e da obra do Espírito Santo. Não estamos sozinhos e não sofremos sozinhos. Podemos nos sentir sozinhos, abandonados e desamparados, mas nunca estamos verdadeiramente sozinhos. Deus está conosco — confortando, encorajando, guiando e nos capacitando a perseverar.

As igrejas cristãs estão mais envolvidas com o ministério para aqueles que sofrem do que com apologética. Deus não convoca os cristãos tanto para responder ao problema do mal, mas sim para ministrar àqueles que sofrem injustiças, violência, catástrofes, choro e tristeza. O problema do mal, sem dúvida, neste mundo, continuará a confundir as pessoas intelectual e existencialmente. Enquanto isso, cristãos e igrejas continuarão a proclamar todo o evangelho de Jesus, que ministra não apenas ao bem-estar eterno das pessoas, mas também às suas necessidades imediatas neste mundo — assim como Jesus ministrou às pessoas.

Comentários finais

Nesta vida, podemos não encontrar respostas para todas as perguntas e preocupações que temos. Em relação ao problema do mal, permanecem questões difíceis que dizem respeito ao sofrimento, às vezes sem sentido e excessivo, que as pessoas vivenciam. Podemos não ser capazes, nesta vida, de responder a todas as perguntas e preocupações sobre Deus que Ivan tinha em *Os Irmãos Karamazov*, especialmente no que diz respeito ao sofrimento de crianças inocentes. E, no entanto, se Deus não existe, então as respostas se tornam mais fáceis de lidar?

Os cristãos consideram a fé em Deus como todo-poderosa e todo-amorosa, apesar da presença do mal e de seus efeitos, uma fé razoável. Mas ainda é uma questão de fé. Devemos confiar nossas vidas a Deus, crendo que na vida após a morte — se não também cada vez mais nesta vida — os benefícios da salvação e da reconciliação com Deus superam as alternativas, mesmo enquanto lutamos para aliviar o mal, o pecado, a dor e o sofrimento que eles causam.

Capítulo 11
Pecado, Ignorância, Miséria e Escravidão

Imagine um pastor sendo solicitado a responder a um casal que admitiu estar enfrentando problemas conjugais. Você imaginaria que o pastor perguntaria: Qual pecado está causando esses problemas? Não, claro que não. A maioria dos pastores perguntaria: Como estão suas habilidades de comunicação? Como suas diferentes criações podem afetar a maneira como vocês se relacionam no casamento? O tema do pecado pode surgir eventualmente, mas, na prática, a maioria dos pastores percebe que os desafios que as pessoas enfrentam na vida podem ter múltiplas causas, e não apenas o pecado em si. Coisas semelhantes poderiam ser ditas sobre os problemas que as pessoas enfrentam com a criação dos filhos, finanças, trabalho ou outras áreas da vida.

Uma das contribuições cruciais que o cristianismo oferece para a compreensão da amplitude e profundidade dos problemas humanos tem a ver com o pecado, que os afastou de Deus e prejudicou outros aspectos de suas vidas. Sem remediar essa dimensão espiritual da vida das pessoas, elas jamais experimentarão plenitude, alegria, paz e outros benefícios, pelo menos aqueles que as Escrituras descrevem como sendo a vontade de Deus para elas.

Tom Oden fala sobre diferentes visões da expiação de Jesus, que têm perspectivas distintas sobre a natureza da situação humana. Elas incluem pecado, ignorância, miséria e escravidão. Acredito que esses termos nos ajudam a começar a compreender a amplitude e a profundidade dos problemas humanos. Embora o pecado possa representar o termo bíblico que precisa ser tratado de forma mais crucial para a reconciliação com Deus e a salvação, outros fatores precisam ser considerados em relação aos desafios do dia a dia das pessoas. Uma teologia que lida apenas com o problema do pecado pode deixar de abordar o contexto completo dos problemas que as pessoas vivenciam. É por isso que o ministério de Jesus envolveu mais do que proclamar o evangelho; também envolveu discipular seus seguidores, curar os doentes, cuidar dos pobres e expulsar demônios.

O que é pecado?

O pecado tem sido descrito de várias maneiras como a violação das leis de Deus, o desrespeito idólatra por Deus, o egocentrismo orgulhoso, a rebelião pessoal contra Deus, a descrença em Deus ou a indiferença passiva a Deus. Pode envolver atos de comissão (coisas que fazemos) ou omissão (coisas que não fazemos), em prol do que é certo, justo e bom. As pessoas pecam individual e coletivamente e, de fato, as Escrituras não fazem distinção entre pecado pessoal e social, visto que o que uma pessoa faz está inextricavelmente ligado aos outros. Nas Escrituras, Deus puniu muitos pelos pecados de uma pessoa; não existe pecado privado. No Antigo Testamento, Israel sofreu devido à pecaminosidade de Acã (Josué 6:15-7:15) e sofreu inúmeras vezes devido à pecaminosidade dos reis israelitas.

Historicamente, os cristãos têm falado sobre um pecado original, ou primeiro, que remonta a Adão e Eva. Embora nem todos os cristãos considerem Adão e Eva como pessoas históricas, que viveram há seis mil anos, os cristãos ainda falam sobre um pecado original, ou primeiro, que ocorreu em algum momento, quando as pessoas alcançaram a consciência de responsabilidade em seu relacionamento com Deus. Por causa desse pecado original, a humanidade tem sofrido desde então, tanto pelas consequências naturais de seus pecados individuais e coletivos, quanto pelos castigos que Deus impôs a eles, novamente, tanto individual quanto coletivamente. Assim, as Escrituras descrevem todas as pessoas como contaminadas, pelo menos, se não totalmente depravadas. Os cristãos tendem a concordar quanto à extensão do pecado, acreditando que ele impacta todos os aspectos de suas vidas, mas discordam quanto à sua profundidade, isto é, quão completamente pecaminosas as pessoas são. Embora seja fácil descrever assassinos em massa e torturadores como totalmente depravados, não é tão fácil descrever recém-nascidos ou pessoas heroicamente virtuosas da mesma maneira.

Mesmo que as pessoas nasçam com uma natureza pecaminosa ou predileção pelo pecado, até que ponto são culpadas de pecado? Herdam a culpa do pecado de seus ancestrais? Alguns cristãos argumentam que os bebês nascem tão culpados de pecado quanto as piores pessoas imagináveis, argumentando ainda que seu destino eterno é predeterminado antes de nascerem. No entanto, a maioria dos cristãos tende a argumentar que bebês, crianças e também adultos precisam primeiro atingir uma idade de responsabilidade (ou uma idade de razão) antes que Deus os responsabilize pela culpa de suas decisões espirituais, relacionais e morais. Essa responsabilidade se deve à medida de liberdade que Deus concede às pessoas, pela graça, para escolher — aceitar coisas relacionadas a Deus ou rejeitá-las. Deus, de fato, as responsabiliza por seus pecados, e elas nascem com inúmeros desafios à tomada de decisões justas, justas e boas. A pecaminosidade das pessoas individualmente é inextricavelmente considerada ligada à pecaminosidade das pessoas coletivamente, embora as Escrituras não expliquem claramente essa interconexão. Mesmo assim, a Escritura descreve todas as pessoas como pecadoras, de uma forma ou de outra, e necessitadas de perdão, que somente Deus pode prover para sua salvação dos efeitos do pecado, nesta vida e na vida após a morte.

Assim como o problema do mal discutido anteriormente, muitos não gostam de falar sobre pecado. Parece injusto, podem dizer, ou psicologicamente arcaico. No entanto, ao tentar compreender as pessoas em profundidade, os cristãos acreditam que a fala das Escrituras sobre o pecado fornece uma visão inescapável de quem as pessoas são. São pessoas criadas por Deus e, no entanto, lamentavelmente, estão fora de um relacionamento com Deus — um relacionamento que precisa ser restaurado, se quiserem experimentar plenamente quem são, por que existem e como podem viver melhor.

Ignorância, Miséria e Escravidão

Jesus ministrou mais do que apenas o pecado das pessoas. Jesus também andou com as pessoas e as liderou, fazendo seus discípulos. Esse "revelar" nos mostra como Deus se importa holisticamente com a qualidade de nossas vidas. Jesus também ministrou aos pobres, aos doentes, aos cativos, aos tratados injustamente e a outros que sofriam dor, marginalização e opressão de vários tipos. Além disso, Jesus libertou aqueles que estavam sujeitos à escravidão demoníaca ou a outros poderes, por exemplo, aqueles que contaminavam o culto no templo por meio de seus negócios ou da manutenção do status quo religioso.

Ao ser crucificado, Jesus disse de forma impressionante: "Pai, perdoa-lhes, porque não sabem o que fazem" (Lucas 23:24).

Costuma-se pensar que o pecado também teve impacto nas decisões dos líderes do primeiro século de crucificar Jesus, mas, em um momento de magnanimidade, Jesus reconheceu que as pessoas são afetadas tanto pela ignorância quanto pelo pecado. Ao discipular seus seguidores, Jesus fez questão de ensiná-los e exortou seus seguidores a ensinarem outros, se quisessem incorporar a plenitude do exemplo de Jesus para eles. Como os ministérios da igreja poderiam ser diferentes hoje se os cristãos buscassem superar a ignorância das pessoas tanto quanto seus pecados?

Grande parte do ministério de Jesus foi direcionado ao alívio da dor física das pessoas e de seus diversos empobrecimentos. Sim, as pessoas sofriam espiritualmente; também sofriam com doenças, ferimentos, negligência, marginalização, opressão e violência. Ao longo da história da Igreja, os cristãos têm sido inconsistentes em sua emulação do ministério holístico de Jesus para com as pessoas. Recentemente, o evangelho social e as teologias da libertação têm lembrado aos cristãos que Jesus veio para ministrar às pessoas tanto física quanto espiritualmente, tanto coletiva quanto individualmente. Jesus veio para libertar as pessoas do pecado, mas também da miséria corporal que elas vivenciam, juntamente com sua ignorância e várias formas de escravidão.

Às vezes, os cristãos parecem ambivalentes quanto à libertação de pessoas de demônios ou de Satanás por Jesus. Ou minimizam esse ministério para os dias de hoje, ou o ignoram completamente, talvez desmistificando-o. No entanto, Jesus regularmente libertava pessoas do que é chamado de possessão ou, pelo menos, opressão demoníaca. Tais ministérios ainda são necessários hoje, embora, reconhecidamente, seja preciso muito discernimento e cautela ao conduzir ministérios de libertação. Igualmente importantes são os ministérios de libertação de outras coisas que prendem as pessoas. A escravidão pode ser a vícios — biológicos, psicológicos ou culturais — que as pessoas têm em álcool, drogas, alimentação, sexo e amor. Também pode ser a vícios que as pessoas têm coletivamente, por exemplo, discriminação racial, preconceito sexual ou de gênero e intolerância de vários tipos dirigida contra aqueles que são diferentes — que são "outros" — devido à classe, orientação sexual, idioma, nacionalidade ou religião.

Nenhum pecado, mas pecado social
O evangelho social e as teologias da libertação prestaram um grande serviço ao cristianismo, lembrando-nos dos ministérios holísticos que Jesus incorporou e proclamou em seu evangelho. As teologias da libertação de países em desenvolvimento e empobrecidos têm sido especialmente pungentes ao apontar injustiças coletivas ou sociais perpetradas não apenas contra pessoas dentro de sua comunidade, mas também em todo o mundo. Nações têm cometido imensa injustiça contra outros países por meio de suas conquistas militares, opressão colonial ou territorial e imperialismo econômico contínuo que paralisa países do Terceiro Mundo de diversas maneiras. Injustiças coletivas não são menos culpáveis, nem desculpáveis, quando perpetuadas por cristãos ou por países supostamente de orientação cristã, se de fato algum país como um todo pode se afirmar cristão.

No Evangelho de Mateus, Jesus encerra seu último sermão público com uma parábola sobre o julgamento das nações (Mateus 25:31-46). É claro que a referência às "nações" não significa que ele excluiu o julgamento de indivíduos. Bem no final de seu ministério, quando Jesus enviou seus discípulos em preparação para sua própria partida desta Terra, Jesus disse: "Ide, portanto, fazei discípulos de todas as nações", e incluiu a ida de cristãos a pessoas individualmente, bem como a nações coletivamente — de povos, de grupos diferentes do seu — nessa comissão (Mateus 28:19). Em Mateus 25, Jesus diz que aqueles que negligenciarem os "famintos... sedentos... estrangeiros... nus... e [os] na prisão" serão "amaldiçoados" (vv. 41-46). Por outro lado, Jesus diz que quando as pessoas atendem às necessidades dos pobres, é como se estivessem atendendo a Jesus, e serão "abençoadas" e "herdarão o reino" preparado para elas por Deus (vv. 31-40). Embora nunca haja um consenso completo sobre como as parábolas devem ser interpretadas, a maioria dos cristãos leva a sério a mensagem de Jesus de cuidar das necessidades físicas e sociais das pessoas, e não apenas de suas necessidades espirituais e individuais.

Obsessões por pecado?
Às vezes, os cristãos parecem ficar obcecados por pecados específicos. Geralmente, parecem ser transgressões individuais, talvez até pecados sexuais. Possivelmente, este é um fenômeno

ocidental, influenciado por ênfases individualistas e preocupações com a sexualidade. Certamente, as Escrituras falam sobre indivíduos e sobre sexualidade, mas os cristãos podem ficar obcecados por certos comportamentos, especialmente aqueles que não são tão proeminentes — ou, pelo menos, não são considerados — dentro de sua família, tribo ou nação. Por exemplo, o pecado sexual com o qual muitos cristãos mais se preocupam é a homossexualidade. No entanto, embora as Escrituras falem um pouco sobre homossexualidade, falam muito mais sobre divórcio, novo casamento e adultério. Quando os cristãos se concentram tanto em denunciar o comportamento homossexual e não no que as Escrituras dizem sobre divórcio, novo casamento e adultério, eles não percebem o quão hipócritas parecem ao discriminar apenas um pecado percebido, e não outros. Eles podem dizer que consideram o divórcio, o novo casamento e o adultério — pelo menos em algumas circunstâncias — pecaminosos. No entanto, eles são permissivos em relação a esses pecados culturalmente aceitáveis, mas não àqueles que são culturalmente inaceitáveis, talvez mais devido às suas fobias ou políticas partidárias do que às Escrituras.

Quando cristãos se obcecam por certos pecados, e não por outros, não há como o mundo considerá-los outra coisa senão hipócritas. Não ajuda que suas obsessões possam ser mais influenciadas por suas fobias ou política partidária, ou por seu status privilegiado na sociedade (devido à sua riqueza, raça ou etnia). Não é de se admirar que as críticas à hipocrisia e à discriminação dos cristãos pareçam estar aumentando, tanto em termos de como as igrejas vitimizam grupos minoritários quanto em termos de como se envolvem em questões políticas tacanhas. Os cristãos precisam constantemente parar e avaliar o grau em que permanecem fiéis às Escrituras, ou se sucumbiram a pressões culturais que enfatizam dinheiro, poder e prestígio mais do que os valores do Evangelho.

Comentários finais

Ao aconselhar pessoas que sofrem, o pecado não deve ser negligenciado na forma como diagnosticamos e curamos o que as aflige. Certamente, o pecado tem prejudicado as pessoas de muitas maneiras. Minha filha Liesl, que tem experiência em aconselhamento, me lembra da necessidade de cura holística: corpo e espírito, mente e emoções, individual e coletiva. Felizmente, Deus providenciou um caminho para as pessoas serem restauradas, o que envolve cura holística tanto agora quanto para a eternidade.

    Portanto, não devemos esquecer que as palavras, a vida e o ministério de Jesus cuidam do sofrimento das pessoas aqui e agora. Quer as pessoas sofram por pecado, ignorância, miséria ou escravidão — de vários tipos —, elas precisam ser amadas e cuidadas em todas as formas de sofrimento. Jesus não fez menos, e aqueles que afirmam segui-lo devem dar igual atenção ao ministrar a toda a dor e sofrimento que as pessoas vivenciam.

Parte Quatro
"Que ele deu seu único filho"

Capítulo 12
Deus conosco

Quando eu era jovem, sentia pressão, ao frequentar a igreja, para aparentar estar feliz o tempo todo, ser extrovertida e, no geral, ter uma boa aparência, ou pelo menos, boa o suficiente para ir à igreja. Mas eu nem sempre estava feliz ou desocupada. Mesmo quando estava feliz, nem sempre parecia feliz. Não sou extrovertida; nem sou uma pessoa emocionalmente expressiva. Então, para mim, apenas ser normal parecia me tornar suspeita entre alguns dos frequentadores da igreja que eu conhecia. Eles perguntavam: O que houve? Você está bem? Posso orar por você? Ir à igreja podia me estressar porque eu nem sempre conhecia — ou conseguia exibir — uma aparência externa que satisfizesse as pessoas que eu conhecia na igreja.

Além disso, lembro-me de como era desagradável para mim ouvir as pessoas citarem os versículos: "Alegrai-vos sempre, orai sem cessar, dai graças em todas as circunstâncias" (1 Tessalonicenses 5:16-18). Será que eu realmente deveria me alegrar e ser feliz o tempo todo? O que significa orar sem cessar? E, realisticamente, como eu poderia dar graças em todas as circunstâncias? Parecia impossível atender a essas expectativas em particular, muito menos em público. Parecendo intransponíveis, por que tentar ser cristão?

No entanto, quando olhei para Jesus nas Escrituras, senti-me encorajado. Independentemente de como você o veja, Jesus demonstrou repetidamente dor, sofrimento e lágrimas em sua vida. Ele chorou pela morte de seu amigo Lázaro. Jesus passou longas noites orando sozinho, e no Jardim do Getsêmani, antes de sua prisão e crucificação, o evangelho de Mateus 26 descreve Jesus como estando "contristado e angustiado" (v. 37), "profundamente entristecido até a morte" (v. 38), e, jogando-se ao chão, orou: "Afaste de mim este cálice" (v. 39). Se é isso que significa regozijar-se o tempo todo, então eu poderia fazer isso! Se Jesus foi um modelo de gratidão em todas as circunstâncias, então eu também poderia lidar com isso, já que ele me mostrou um exemplo mais realista de vida piedosa, já que ele também não parecia estar sempre sorrindo e alegre. Meu problema na igreja era que, muitas vezes, versículos eram selecionados das Escrituras e aplicados (ou implícitos) por meio de pregações e ensinamentos de maneiras que desencorajavam as pessoas, mais do que as encorajavam, a viver como cristãs.

Enquanto Jesus viveu na Terra, viveu como nós vivemos — confiando na ajuda do Espírito Santo — para ser e fazer tudo o que Deus queria dele. Paradoxalmente, os cristãos acreditam que Jesus era divino, mas que não viveu confiando em sua divindade inata. Jesus viveu em um mundo finito, contaminado pelo pecado, como nós vivemos. Assim, ele nos fornece, entre outras coisas, uma imagem convincente de como devemos viver, sem a mistura de expectativas irrealistas que cristãos e igrejas às vezes projetam sobre as pessoas.

Por que Deus se tornou humano?

A maioria dos cristãos na história da Igreja acredita que Jesus se tornou humano, isto é, encarnou (do latim *incarno*, "fazer carne" ou "ser feito carne"), para salvar as pessoas do pecado e da morte, e para proporcionar a reconciliação delas com Deus e a vida eterna no céu. João 3:16 certamente sugere esse componente-chave do Evangelho. Jesus satisfez tudo o que era necessário para que as pessoas vivessem eternamente. Mas Jesus providenciou muito mais!

Na Idade Média, um monge beneditino chamado Anselmo escreveu *Cur Deus Homo* (Latim, Por que Deus se tornou homem). Além de falar sobre como Jesus satisfez todos os requisitos divinos para a salvação das pessoas, Anselmo falou sobre a relevância de Jesus para nós aqui e agora. Talvez a razão mais importante pela qual Deus se tornou humano na pessoa de Jesus foi fornecer às pessoas um modelo de como elas deveriam viver. Jesus não viveu a vida alegremente sem problemas: fome e outras necessidades humanas básicas, responsabilidades com a família e o ministério, impostos para um império colonizador e outras provações — pessoais e sociais — que também enfrentamos. Jesus foi tentado a pecar, criticado por líderes religiosos e políticos, traído por amigos e torturado impiedosamente. Ele também morreu, experimentando assim ao máximo os desafios que afligem as pessoas todos os dias.

Ser um seguidor de Jesus nem sempre é fácil. Até mesmo Jesus alertou seus seguidores sobre essa realidade. No entanto, Jesus nos dá um modelo realista de como devemos viver. Ele não apenas nos fornece um modelo para nós como indivíduos, mas também como devemos viver coletivamente na sociedade e nas igrejas. Como indivíduos, devemos ser encorajados a ter uma visão mais realista de como é a vida cristã — com seus benefícios e desafios — do que aquela que às vezes é distorcida por cristãos e igrejas.

Não aceitar o status quo

Jesus não se contentou em aceitar o status quo dos problemas sociais. Ele ajudou os pobres — aqueles empobrecidos de muitas maneiras. Jesus demonstrou compaixão pelas necessidades das pessoas e defendeu a mudança das causas de seu empobrecimento. Jesus criticou repetidamente os líderes do antigo Israel que contribuíram para o empobrecimento de outros, seja por meio de práticas injustas no templo, negligência hipócrita com os pobres, uso indevido das Escrituras para esconder sua autoindulgência ou cobrança injusta de impostos. Ele foi regularmente desafiado e difamado por líderes religiosos, visto que Jesus não perpetuou o status quo. Em vez disso, Jesus queria progredir além do estado de coisas existente, implementando mudanças sociais e religiosas que beneficiassem as pessoas de forma holística, e não apenas espiritual.

Por exemplo, Jesus desafiou o status quo de muitas das práticas sociais, políticas e econômicas de sua época. Como Amós no Antigo Testamento, Jesus desafiou as práticas injustas de líderes que negligenciavam e oprimiam o povo que governavam. Em relação a um malfeitor, Jesus não defendeu nem a "luta" nem a "fuga", mas uma terceira maneira de desafiar as injustiças da opressão violenta. Em seu Sermão da Montanha, Jesus desconsiderou a antiga sabedoria de exigir "olho por olho e dente por dente" — a antiga *lex talonis*, latim, "lei da retaliação" (Mateus 5:38). Em vez disso, ele defendeu outra forma de resistência não violenta, que não sucumbia à violência pela violência, nem sucumbia a deixar a injustiça passar sem oposição. Jesus disse: "Eu, porém, vos digo: Não resistais ao malfeitor. Mas, se alguém te bater na face direita, oferece-lhe também a outra" (Mateus 5:39). Em outras palavras, oponha-se ativamente à injustiça para que as pessoas possam ser libertadas daqueles que as oprimem, mesmo que a defesa contra a injustiça ocorra de maneiras não violentas.

Em relação aos colonialistas romanos, que oprimiam os israelitas comuns exigindo que carregassem mantos de soldados por uma milha, Jesus desafiou tais injustiças. Novamente, ele os desafiou não por meio de luta ou fuga, mas indo além — por assim dizer — ao desafiar publicamente o assédio às exigências dos soldados. Por exemplo, ao impor aos plebeus o transporte de uma vestimenta por uma milha, Jesus exortou seus seguidores a "andar também a segunda milha" (Mateus 5:41). A milha extra era mais um protesto contra a exigência injusta do que uma evidência de aquiescência dócil. Carregar uma capa por uma milha satisfazia a subjugação imperial, mas carregá-la por uma segunda milha representava um ato não violento de desobediência civil, resistindo ativamente às práticas opressivas tanto de soldados individuais quanto de governos.

Jesus foi um modelo de desobediência civil não violenta. Mas seu ativismo político é ignorado por muitos cristãos e igrejas, que às vezes estão mais empenhados em manter o status quo da sociedade e em preservar seu status privilegiado dentro dela, do que em corrigir injustiças sociais.

Significado de *Kenosis*

O que significa para Jesus servir como nosso modelo? Ele não era Deus? Como podemos seguir Jesus, se ele era de alguma forma divino, e nós não? Não é um padrão impossível? Por que tentar seguir o exemplo de Jesus?

Em Filipenses 2:7, o apóstolo Paulo fala sobre Jesus como tendo "se esvaziado" (grego: *kenosis*) da divindade para se tornar humano. Os cristãos têm questionado essa passagem há séculos. Em sua maioria, os cristãos tendem a acreditar que a natureza divino-humana de Jesus transcende, em última análise, a compreensão humana e, portanto, um certo grau de mistério na descrição de Deus é inevitável.

A questão permanece: Até que ponto Jesus genuinamente viveu e tomou decisões como devemos fazer hoje? Alguns cristãos pensavam que Jesus vivia mais por atributos divinos do que por atributos humanos e, portanto, seu modelo a ser seguido serve mais como um objetivo a ser perseguido do que alcançado. Na prática, porém, a maioria via Jesus como um modelo realista a ser seguido. Ele realmente viveu como devemos viver, confiando na pessoa e na obra do Espírito Santo, em vez de no poder intrínseco para fazê-lo, seja ele divino ou humano. Quando Jesus orava, ele o fazia não apenas para servir de modelo, mas porque ele — por meio do Espírito Santo — precisava de conforto, encorajamento, orientação e fortalecimento. As pessoas hoje precisam da mesma ajuda do Espírito Santo.

Jesus também dá aos cristãos e às igrejas uma correção sobre como devem viver de forma contracultural no mundo. Ele não veio para manter o status quo, mas para mudá-lo, desafiando as crenças, os valores e as práticas do judaísmo, mesmo que isso significasse desafiar a autoridade de seus líderes e tradições históricas. Jesus inaugurou um novo status quo? Não, porque a igreja era uma realidade viva composta por cristãos, que precisavam desenvolver, manter e reformar — quando necessário — a vida e os ministérios das igrejas, que deveriam se modelar segundo a vida e os ministérios holísticos de Jesus. Ele não veio à Terra para restringir e excluir as pessoas do evangelho. Em vez disso, Jesus veio para acolher e incluir as pessoas, bem como curá-las de tudo o que causa dor e sofrimento. Portanto, seguir o exemplo de Jesus como um modelo para nós hoje é a pior experiência que você jamais terá. Seguir o exemplo de Jesus significa esvaziar-nos das coisas que nos impedem de amar e servir aos outros, assim como Jesus fez.

Plenitude do Porquê Deus Se Tornou Humano

Jesus veio para salvar as pessoas do pecado e da morte e para nos dar um modelo de como devemos viver. Jesus também fez mais! Nesta vida, Ele nos revelou mais sobre Deus do que se sabia até então. Jesus revelou Deus como um pai amoroso, como um pai amoroso, com o melhor que sabemos sobre a criação de filhos. Ele enfatizou o amor de Deus pelas pessoas e como o amor deve ser a principal virtude dos seguidores de Deus.

Jesus também revelou que servirá como o juiz supremo das pessoas. Mas ele será um juiz justo e empático, visto que viveu como nós vivemos. Hebreus 4:15 diz: "Pois não temos um sumo sacerdote que não possa compadecer-se das nossas fraquezas". Assim, podemos "aproximar-nos do trono da graça de Deus com confiança" (Hebreus 4:16). Jesus, como sumo sacerdote, continua a trabalhar em nossas vidas por meio do Espírito Santo. Não estamos sozinhos; nunca estamos sozinhos. De uma forma ou de outra, Deus está sempre presente — por meio de Jesus, estabelecendo nossa salvação e, por meio do Espírito Santo, completando nossa salvação. Não precisamos temer o futuro, nem nossa vida presente e seus inevitáveis desafios. Novamente, não estamos sozinhos!

As Escrituras também nos dizem que, ao se tornar humano em Jesus, Deus providenciou os meios para superar a escravidão demoníaca. Em sua vida, Jesus expulsou ativamente os pecados. Após sua morte, ressurreição e ascensão, Jesus tornou possível, por meio do Espírito Santo, que seus seguidores não precisassem mais temer a escravidão espiritual aos demônios ou a Satanás. 1 João 3:8 sugere que o propósito de Jesus era "destruir as obras do diabo". Isso não significa, contudo, que os cristãos não sejam mais suscetíveis à tentação demoníaca e satânica, ou à opressão espiritual.

Os cristãos têm opiniões diferentes sobre o grau em que devem se envolver na guerra espiritual: alguns acreditam que precisam orar ativamente por anjos na batalha celestial contra demônios e Satanás; outros acreditam que os demônios têm mais poder de persuasão do que de coerção. Quando se trata de discernir a visão dos cristãos sobre a guerra espiritual, no entanto, a maneira como vivem na prática muitas vezes revela mais sobre o que realmente acreditam do que o que dizem.

Em suma, a presença de demônios e de Satanás certamente complica nossas vidas, individual e coletivamente. No entanto, provavelmente temos mais a temer de nossas próprias decisões e da influência de outros do que da de demônios e de Satanás.

Comentários finais

Podemos ser como Jesus, o que reflete o significado original da palavra cristão — ser um seguidor de Cristo? Se eu devo ser como Jesus no Jardim do Getsêmani, então sim, eu (e você) podemos ser como Jesus. Ao contrário dos versículos que sugerem que preciso ser perfeito — sempre alegre e sempre dando graças — para ser cristão, Deus me aceita como sou. Visto que todos são salvos pela graça por meio da fé, podemos ter confiança em nos aproximar de Deus, tanto agora quanto na eternidade.

Enquanto isso, devemos modelar nossas vidas segundo Jesus. Mas isso pode parecer um desafio impossível, visto que ele é frequentemente retratado por cristãos e igrejas de maneiras inacabadas: apenas espiritual? apenas manso? apenas blasé? Pelo contrário, o modelo que Jesus nos deixou defendia tanto o nosso bem-estar espiritual quanto o nosso bem-estar físico. Ele era espiritualmente contracultural e também física, social, política e economicamente contracultural. Os seguidores de Cristo fariam bem em considerar, incorporar e defender os outros em todas as formas pelas quais eles estão empobrecidos.

Capítulo 13
A unidade com Deus

Quando minhas filhas eram pequenas, havia regras em casa. Como mãe, eu precisava estabelecer limites para a vida doméstica. Por exemplo, minhas filhas não tinham liberdade para tirar biscoitos do pote sem permissão. Se pegassem um biscoito sem permissão, era roubo. Se uma filha fosse pega roubando, haveria consequências. Não porque eu quisesse disciplinar minhas filhas, mas porque eu queria incutir nelas um senso de responsabilidade, de justiça e de desenvolvimento de caráter em relação às relações familiares e aos limites do lar.

Se uma filha fosse pega roubando, não bastava para mim — como pai dela — ouvir uma confissão. Uma confissão pode não refletir um coração contrito e responsabilidade mútua; em vez disso, uma confissão pode refletir apenas o fato de que ela foi pega. O que eu queria ouvir de uma filha era a tristeza por ter transgredido uma regra, a decisão de não roubar novamente e a compreensão de que uma traição pessoal havia prejudicado seu relacionamento comigo e com o resto da família. Para que a cura e a restauração ocorressem em nosso relacionamento, então era necessário que ela crescesse em sua autoconsciência sobre justiça e injustiça, um desejo de se reconciliar com aqueles que haviam sido injustiçados e um compromisso de não roubar novamente.

Esta história de transgressão e restauração de biscoitos pode parecer simples e talvez um pouco engraçada. Mas pretende ser uma analogia de como Deus deseja se reconciliar com as pessoas que pecaram, e não apenas perdoar seus pecados. Quando Deus criou o mundo, Ele estabeleceu limites, por assim dizer. Dentro do mundo, Deus queria que as pessoas crescessem por meio das experiências de responsabilidade e prestação de contas, a fim de proporcionar um contexto no qual um relacionamento de qualidade com Deus pudesse se desenvolver, juntamente com relacionamentos de qualidade com os outros.

Em resposta ao pecado e ao rompimento de relacionamentos, que afastaram Deus das pessoas, muitas histórias, imagens e analogias são encontradas nas Escrituras para descrever como Deus proporcionou à humanidade a oportunidade de salvação — de perdão, cura, reconciliação e crescimento, bem como de vida eterna. Elas representam imagens de como as pessoas podem compreender humanamente tudo o que Deus fez para restaurar seus relacionamentos uns com os outros. Nenhuma imagem isolada (história, imagem ou analogia) pode ser suficiente para descrever a plenitude do que Jesus sacrificou em favor das pessoas a fim de realizar essa restauração, mas juntas elas ajudam a comunicar o evangelho completo ao qual Deus deseja que as pessoas respondam. Uma das palavras mais comuns usadas para descrever a provisão de Deus para a restauração das pessoas é expiação.

O que é Expiação?

O significado primitivo da palavra expiação na língua inglesa implicava "at-one-ment", isto é, reconciliação entre pessoas, ou entre pessoas e Deus. No Antigo Testamento, expiação referia-se a pessoas que faziam ofertas sacrificiais de animais, grãos ou outras dádivas para expiar seus pecados, ou seja, para fazer reparações. Isso fazia parte da antiga aliança que Deus estabeleceu com o povo israelita. No Novo Testamento, o sacrifício de Jesus é descrito como a expiação decisiva pelos pecados das pessoas (Romanos 3:25; Hebreus 2:17). Isso fazia parte da nova aliança que Deus estabeleceu com todas as pessoas. Como tal, o sacrifício de Jesus foi considerado suficiente para sempre. O sistema sacrificial do Antigo Testamento não era mais necessário, pois uma nova aliança de graça e fé foi inaugurada.

Às vezes, os cristãos descrevem a doutrina da expiação como a dimensão objetiva da salvação, tendo a ver com o que Deus realizou no passado para a salvação das pessoas agora. Como as pessoas não podem ganhar ou merecer a salvação, Deus precisava prover aquilo que era objetivamente necessário por meio da vida, morte e ressurreição de Jesus. Além da provisão objetiva para a salvação por Deus, cabe aos sujeitos (isto é, às pessoas) receber ou aceitar a provisão de Deus. Essa dimensão subjetiva da salvação tem a ver com a forma como cada pessoa responde ou acredita na provisão de Deus aqui e agora para sua salvação — para sua unidade com Deus.

As Escrituras usam várias palavras, imagens e analogias para descrever o que Deus fez pela salvação das pessoas. Por exemplo, as palavras usadas incluem salvação, sacrifício, perdão, reconciliação, expiação (remover o que separa as pessoas de Deus) e propiciação (proporcionar o que reconcilia as pessoas com Deus). Ao longo da história da igreja, outras palavras foram usadas, como satisfação, substituição, libertação e outras. Problemas surgiram quando cristãos e igrejas insistem em uma palavra, imagem ou analogia específica para descrever a expiação de Deus pelas pessoas, excluindo outras. Essa abordagem reducionista extingue a natureza holística da expiação descrita nas Escrituras. Analisar a variedade de palavras bíblicas (e extrabíblicas) ajuda a compreender melhor a atuação de Deus na vida das pessoas, tanto no passado, para a expiação, quanto para a salvação atual.

Visões da Expiação

A maneira como os cristãos da igreja primitiva falavam sobre a expiação era a visão do resgate. Jesus foi descrito como um resgate pelo qual as pessoas seriam salvas (por exemplo, 1 Timóteo 2:6). Não estava totalmente claro, no entanto, como essa linguagem bíblica deveria ser entendida. O resgate foi pago a Deus? A Satanás? Mais tarde, essa visão da expiação ficou conhecida como *Christus Victor* (lat., "Cristo, o vencedor"), pois acreditava-se que Jesus havia dominado tudo o que prende as pessoas — espiritualmente, demonicamente e de todas as maneiras. Jesus venceu vitoriosamente tudo o que mantém as pessoas em cativeiro.

Durante a Idade Média, Anselmo falava da expiação como satisfação, visto que Jesus satisfez todos os requisitos de Deus para a salvação, independentemente de como se entendesse satisfação. Satisfação poderia se referir a uma exigência sacrificial de Deus, a uma exigência legal que precisa ser retificada ou à exigência de uma honra cortês devida a Deus (trabalhando com metáforas que fariam sentido para um monge medieval!). Durante a Reforma, protestantes como Calvino defendiam que a satisfação fosse entendida como a substituição de Jesus (ou substituição penal) pela humanidade. Nesse sentido, acredita-se que Jesus pagou o preço legal pelo pecado (Gálatas 3:13-15). Essa analogia se tornou muito popular, mas não representa toda a imagem bíblica da expiação.

Abelardo, também durante a Idade Média, enfatizou a influência moral do papel expiatório de Jesus. Em vez de focar na base objetiva da salvação, Abelardo acreditava que Jesus fornecia um modelo de como as pessoas deveriam viver moral e espiritualmente, indicativo de uma vida semelhante à de Cristo. Dessa perspectiva, a expiação de Jesus enfatiza mais como devemos viver aqui e agora (a dimensão subjetiva da expiação), em vez de se concentrar no que Jesus fez no passado (a dimensão objetiva da expiação). Assim, Abelardo enfatizava a experiência subjetiva (ou recepção, aceitação) do Evangelho pelas pessoas hoje, em vez de se concentrar no que Deus realizou no passado para a salvação.

Após a Reforma, Hugo Grotius defendeu uma visão governamental da expiação, concordando que Jesus serviu como um substituto em favor das pessoas, mas que era mais do que um simples ato de substituição. Tecnicamente, Deus não precisava de uma substituição; Deus não exigiu um sacrifício de sangue para perdoar a humanidade. Deus poderia ter comutado os pecados da humanidade, sem a necessidade de crucificação violenta para satisfazer a Sua justiça. Como um pai amoroso, Deus não exige castigo físico para que os filhos se reconciliem com Ele. Em vez disso, Jesus sacrificou a sua vida em favor das pessoas para mostrar que o governo moral (ou os padrões) de Deus permaneciam intactos. Embora a salvação de Deus seja uma dádiva, Deus ainda quer que os crentes ajam moralmente; eles não devem pensar que a dádiva de Deus lhes dá licença para agir da maneira que quiserem. Através da obediência de Jesus na cruz, Deus reafirmou a bondade dos mandamentos e princípios bíblicos e como os crentes devem viver vidas santas, amorosas e justas.

Visões Contemporâneas

Palavras, imagens e analogias contemporâneas para a expiação são às vezes defendidas por cristãos. Essas são tentativas de destilar verdades bíblicas às vezes negligenciadas ou de fornecer meios perspicazes para comunicar o dom divino da salvação hoje. Por exemplo, alguns cristãos apelam à noção de libertação, afirmando que Deus libertou as pessoas do pecado e da morte, assim como Deus deseja libertá-las da doença, da pobreza e da injustiça. A teologia da libertação, por exemplo, traça uma analogia entre o Antigo Testamento (e a antiga aliança) e o Novo Testamento (e a nova aliança): Deus primeiro libertou os israelitas da escravidão por meio do Êxodo, e então Deus libertou os israelitas — na verdade, todas as pessoas — por meio da expiação de Jesus. Assim, os cristãos devem buscar libertar a todos, proclamando o evangelho em palavras e ações, libertando as pessoas de tudo o que as escraviza, tanto física quanto espiritualmente. Esse tipo de teologia da expiação enfatiza bastante a natureza holística da salvação de Jesus.

Alguns cristãos falam sobre salvação em termos de cura terapêutica. Assim como as pessoas caíram em pecado, contaminando irremediavelmente a imagem de Deus na qual foram criadas, Deus enviou Jesus para curá-las espiritual e fisicamente, individual e coletivamente. Nos tempos bíblicos, a palavra *therapeia* (do grego, "cura, terapia, remédio") era concebida em termos de cura holística, e não apenas de terapia ou cura psicológica, como geralmente se pensa hoje. O ministério de cura de Jesus incluía o bem-estar espiritual das pessoas, bem como o seu bem-estar físico.

Os cristãos às vezes são criativos, usando histórias culturais atuais, músicas, filmes e outras mídias sociais para comunicar a expiação de Jesus de maneiras que podem ser mais compreensíveis e convincentes para as pessoas hoje. Por exemplo, os cristãos têm usado histórias sobre auto-sacrifício e pontes sobre águas turbulentas, canções sobre perdão e iluminar a vida de outra pessoa, e até mesmo filmes de ficção científica têm fornecido aos cristãos maneiras culturalmente atualizadas de falar sobre a expiação de Jesus. Essas histórias ajudam a comunicar criativamente as muitas palavras, imagens e analogias bíblicas para comunicar uma realidade espiritual e eterna que, em última análise, transcende nossa capacidade humana de descrevê-la completamente.

Pode-se argumentar que todas as visões históricas da expiação refletem o contexto cultural específico em que se tornaram proeminentes. Por exemplo, a visão do resgate refletia uma era no mundo antigo que compreendia a prática comum de sequestro e resgates. A visão da satisfação refletia uma era na Idade Média que compreendia a necessidade de satisfazer a honra cavalheiresca da nobreza ofendida. A visão da influência moral refletia outra perspectiva teológica que desejava um papel maior para as pessoas na salvação, como muitas pessoas experimentaram durante a Reforma. A visão da substituição (penal) refletia uma era protestante na qual os assuntos jurídicos haviam se tornado cada vez mais importantes para a sociedade. A visão governamental refletia uma perspectiva teológica do Iluminismo que não acreditava que Deus exigisse um sacrifício de sangue violento para perdoar as pessoas. Independentemente de as visões acima mencionadas refletirem (ou não) o lugar e a época específicos em que se tornaram proeminentes, os cristãos precisam estar cientes da natureza contextual de todas as suas afirmações teológicas. Sua contextualidade não as torna relativas ou irreais; apenas nos ajuda a ser mais conscientes e humildes em relação ao que os cristãos afirmam ser verdade.

Perspectivas Globais

Em todo o mundo, cristãos e igrejas têm se inspirado de forma única em seus respectivos contextos socioculturais para comunicar Jesus e o Evangelho aos outros. Na Ásia, Jesus pode ser visto como um guru ou avatar, e a expiação pode ser vista como uma criança da paz trocada entre tribos para prevenir a violência tribal. Na África, Jesus pode ser visto como um curandeiro, e a expiação pode ser vista no contexto de rituais de cura.

Essas compreensões socioculturais são sincréticas? Heréticas? Talvez. Mas não necessariamente. Nem todos os desenhos de partes do mundo fora dos Estados Unidos e da Europa comunicam efetivamente crenças, valores e práticas cristãs bíblicas e históricas. Portanto, é necessário muito cuidado ao traduzir o evangelho para outros contextos socioculturais. No entanto, se tais tentativas são criticadas por cristãos por serem contextuais, e esses críticos não percebem ou reconhecem seu próprio contexto sociocultural, bem como as visões anteriores da expiação, então elas são inconsistentes, na melhor das hipóteses, e hipócritas, na pior. Visto que as formulações teológicas refletem a situação em que surgiram, cristãos e igrejas precisam estar abertos ao que podem aprender com as compreensões globais de Deus em seu próprio contexto — passado e presente.

Importância da Relacionalidade

Um ponto em comum entre todas as visões da expiação, em última análise, tem a ver com a restauração do relacionamento entre Deus e as pessoas. A salvação é pessoal! É o amor que motiva esse relacionamento. É claro que o amor começa com Deus. 1 João 4:19 diz: "Nós amamos porque ele nos amou primeiro." Embora haja muitos aspectos que precisam ser considerados na restauração da comunhão da aliança com Deus, amar a Deus de todo o coração, alma, mente e força é o *telos* — o fim, o objetivo.

As várias visões da expiação falam sobre sacrifício, satisfação, influência moral, substituição, governança e muito mais. Acredita-se que Deus tenha fornecido a base objetiva pela qual as pessoas são salvas. Mas a salvação não lida apenas com o passado; ela também tem a ver com o presente. No presente, as pessoas devem crer e se arrepender; espera-se também que se reconciliem pessoalmente com Deus, seu criador, seu salvador, seu *Abba*. Devemos amar a Deus agora e para sempre, e o amor requer que as pessoas escolham amar a Deus de todo o coração, alma, mente e força. Além disso, devem amar o próximo — individual e coletivamente, local e globalmente — como a si mesmas.

Comentários finais

Felizmente, o roubo de biscoitos pelas minhas filhas não era um problema comum. Assim como Jesus, elas "cresciam em sabedoria, em idade e em graça divina e humana" (Mateus 2:52). Tenho bons motivos para sentir orgulho de mãe quando se trata de como valorizo minhas filhas!

Uma das características únicas do cristianismo é que a salvação chega às pessoas não por esforço ou mérito próprio, nem por autoiluminação ou autorrealização. A salvação é uma dádiva, objetivamente provida por Deus por meio da vida, morte e ressurreição de Jesus. Independentemente de como você visualiza a expiação — usando várias palavras, imagens e analogias — ela resulta em reconciliação com Deus, com um relacionamento renovado que começa agora e dura para sempre.

Capítulo 14
Advogado de Deus

Segundo as Escrituras, Jesus ressuscitou após ser crucificado. Por mais que os discípulos se alegrassem com a ressurreição de Jesus, suas implicações eram difíceis de compreender plenamente, tanto em relação a Jesus quanto, potencialmente, a si mesmos. O que aumentou a perplexidade dos discípulos foi a declaração de Jesus de que os deixaria novamente — que ascenderia ao céu. Por que Jesus não podia ficar? Por que Jesus não podia continuar com eles para ajudar?

Jesus havia previsto esse tipo de pergunta e disse aos seus discípulos com antecedência que seria melhor se ele não ficasse sempre com eles. Em vez disso, enviaria um advogado (e consolador), que estaria com eles em espírito e poder para sempre — o Espírito Santo. Em João 16:7, Jesus diz: "Em verdade vos digo: convém-vos que eu vá; porque, se eu não for, o Advogado não virá a vós outros; mas, se eu for, eu vo-lo enviarei." Em certo sentido, seria como se Jesus, ou pelo menos o espírito de Jesus, estivesse sempre com os discípulos. De fato, Jesus estaria sempre com eles por meio do Espírito Santo, que é a terceira pessoa da trindade. O Espírito Santo estaria com os discípulos de forma mais contínua e íntima do que qualquer indivíduo na Terra poderia estar.

É fácil entender que os discípulos de Jesus sempre desejariam tê-lo por perto. Mas isso não era possível. Nem era útil para os discípulos (e outros) em seu desenvolvimento como pessoas, como seguidores de Jesus. Então, Jesus disse aos seus discípulos que aguardassem a vinda — o derramamento espiritual — do Espírito Santo de Deus, que aconteceu em um evento que hoje chamamos de Pentecostes (ver Atos 2). Daquele momento em diante, os seguidores de Jesus teriam a vantagem de um relacionamento espiritualmente mais íntimo e imediato com Deus, que confortaria, encorajaria, guiaria e capacitaria as pessoas muito além de tudo o que já haviam experimentado.

É claro que Jesus já havia experimentado o Espírito Santo antes, enquanto viveu e ministrou na Terra. Ao longo dos Evangelhos, lemos sobre como o Espírito Santo ministrou a Jesus, guiou-o e capacitou-o. Ele não viveu na Terra como Deus; em vez disso, Jesus viveu como uma pessoa finita, assim como nós vivemos como pessoas finitas. Jesus, de fato, nos deixou um modelo dos tipos de coisas que podemos realizar na vida — pessoal e coletivamente — visto que vivemos com o mesmo Espírito Santo que capacitou Jesus.

Quem é esse Espírito Santo? O que significou para Jesus chamá-lo de advogado? Consolador? E mais. Para os cristãos de hoje, falar sobre o Espírito Santo deve ser de grande importância, visto que é com Ele que lidam hoje em dia. No entanto, historicamente e hoje, os cristãos têm hesitado em se concentrar no Espírito Santo, por uma série de razões. Talvez seja muito difícil conceber o Espírito Santo: muito misterioso? Muito sem rosto? Muito intangível? Vamos estudar mais sobre a presença mais íntima e pessoal de Deus conosco hoje.

O Advogado

Jesus descreveu o Espírito Santo como o "advogado", o que, em algumas traduções das Escrituras, descreve o Espírito Santo como o "consolador". Como nosso advogado, o Espírito Santo atua diretamente na vida dos crentes e por meio dela, e, na verdade, por meio de todos. O Espírito Santo é nosso advogado constante, atuando em favor da vida das pessoas — iniciando, capacitando e completando a graça divina nelas. As Escrituras falam sobre muitas das obras do Espírito Santo, e os leitores podem se surpreender com a extensão com que as Escrituras falam sobre elas, dada a relativa falta de atenção dada ao Espírito Santo por cristãos e igrejas.

Grande parte do que as Escrituras dizem sobre o Espírito Santo tem a ver com a atuação da salvação nas pessoas — o que as Escrituras às vezes chamam de "dom do Espírito Santo" (Atos 2:38). O Espírito Santo inicia a salvação chamando as pessoas à conversão, operando em suas vidas pela graça para iluminá-las sobre questões de salvação. O Espírito Santo também capacita as pessoas a crer e aceitar a salvação, mas elas ainda precisam decidir por si mesmas. Essas decisões são possibilitadas pela graça, mas não são determinadas sem a escolha incondicional das pessoas pela salvação. A escolha das pessoas, que Deus possibilitou, também é a razão pela qual algumas podem escolher não crer e não aceitar a salvação. Algumas dessas obras salvíficas do Espírito Santo ocorrem dramaticamente em um instante; outras operam gradualmente no contexto de uma igreja nutridora. Independentemente das circunstâncias, em algum momento, espera-se que as pessoas decidam por si mesmas.

Aqueles que são salvos pela graça por meio da fé podem ser encorajados ao saber que a advocacia do Espírito Santo não termina com a conversão. Pelo contrário, a conversão é uma das muitas etapas de uma compreensão mais holística da salvação que continua ao longo da vida, trabalhando para curar e restaurar a imagem de Deus nas pessoas. Assim como a graça de Deus por meio do Espírito Santo atua para convidar e convencer as pessoas a se converterem ao cristianismo, a graça de Deus continua a santificar os crentes, o que os capacita a experimentar a certeza da salvação. "Santificação" é uma palavra teológica para todo o crescimento que acontece em uma pessoa após o ponto de salvação. O Espírito Santo ajuda os crentes a se tornarem mais amorosos com Deus e mais amorosos com o próximo, assim como amam a si mesmos. É claro que há muitas partes móveis na salvação, por assim dizer, se alguém estiver disposto a vê-la como mais do que uma "passagem para o céu". A salvação é mais do que apenas ser salvo — a salvação é sobre transformação. A salvação, concebida holisticamente, tem vastas implicações sobre como Deus quer transformar os crentes em uma maior semelhança com Cristo, e como Deus quer transformar o mundo de maneiras que reflitam todos os ministérios (e não apenas alguns poucos selecionados) que Jesus exortou seus seguidores a continuar na Terra.

Fruto do Espírito

As Escrituras falam sobre muitas maneiras pelas quais o Espírito Santo continua a operar na vida dos crentes e por meio dela. O "fruto do Espírito" representa uma maneira como Paulo fala a respeito de algumas das virtudes que Deus desenvolve por meio do Espírito Santo: "amor, alegria, paz, paciência, bondade, generosidade, fidelidade, mansidão e domínio próprio" (Gálatas 5:22-23). Essas virtudes não surgem milagrosamente, embora Deus pudesse fazer isso se assim o quisesse. Geralmente, uma vida virtuosa se desenvolve à medida que os crentes se associam sinergicamente ao Espírito de Deus em sua vida de oração, estudo das Escrituras, nutrição na igreja, disciplinas espirituais e outros meios de graça.

Uma vida virtuosa beneficia mais do que a vida individual. Também beneficia a forma como nos relacionamos com os outros, demonstrando amor e compaixão por eles. Uma vida virtuosa beneficia a forma como defendemos amorosamente as necessidades, as mágoas e o sofrimento dos outros. O estudo das virtudes e dos vícios desempenhou um papel importante na vida dos cristãos ao longo da história da Igreja, mas virtudes e vícios têm a ver com mais do que paz e contentamento pessoal. Têm a ver com a implementação dos ensinamentos, mandamentos e princípios de Jesus para ajudar a sociedade como um todo, superando as injustiças e o empobrecimento que assolam as pessoas. Os benefícios do Espírito de Deus não servem apenas para libertar indivíduos, mas também grupos de indivíduos, assim como Jesus estendeu a mão em ministério a grupos de indivíduos — os pobres, os famintos, os nus e os presos.

Dons do Espírito

As Escrituras falam sobre os dons do Espírito Santo, e o foco sobre eles pelos cristãos aumentou durante o século XX, devido à ascensão do movimento pentecostal. Ao longo da maior parte da história da igreja, no entanto, as referências cristãs a um "dom" espiritual eram faladas principalmente como um "carisma" (*charisma,* do grego, *charis,* "graça"; cf. plural *charismata,* ou carismas), que se refere a qualquer maneira que Deus pode usar os cristãos para o benefício espiritual dos outros, bem como para si mesmos. Alguns cristãos têm o dom de um carisma particular. Por exemplo, os cristãos podem pregar, ensinar, evangelizar, administrar, dar ou servir aos outros, conforme o Espírito de Deus os guia e capacita. Nas Escrituras, não se pensava que houvesse uma lista definitiva de tais carismas e, de fato, os cristãos hoje podem encontrar novas maneiras de servir aos outros que os autores bíblicos não imaginaram.

Os pentecostais têm uma compreensão mais específica dos dons espirituais, acreditando que Deus concede exclusivamente um ou mais dons sobrenaturais aos cristãos, que eles devem usar em prol do ministério, dentro e fora das igrejas. Alguns pentecostais acreditam que, após a conversão, os cristãos devem buscar o batismo com (ou no) Espírito Santo, o que geralmente é evidenciado pelo falar em línguas. Embora nem todos os pentecostais exijam o falar em línguas como prova demonstrável do batismo no Espírito Santo, é um privilégio que eles acreditam que os cristãos podem experimentar (e devem buscar) na continuidade dos dons espirituais, apesar de longos períodos na história da igreja em que a manifestação de tais dons não era generalizada.

Alguns cristãos argumentam que os dons espirituais, como uma dádiva sobrenatural, cessaram após o primeiro século, incluindo muitos outros fenômenos miraculosos e de cura. Mas a maioria dos cristãos acredita que o Espírito Santo continua a operar hoje como nos tempos bíblicos, embora os dons sejam entendidos mais como carismas que todos os cristãos devem manifestar, guiados e capacitados pelo Espírito de Deus, do que como um número finito de dons sobrenaturais.

O pentecostalismo prestou um grande serviço ao cristianismo ao lembrar aos cristãos a importância de se concentrarem na pessoa e na obra do Espírito Santo. Muitas vezes, a presença e o poder de Deus na vida das pessoas são minimizados, pensando que o papel presente de Deus em nossas vidas é insignificante, se não totalmente ausente. Isso representa um grande equívoco em relação às Escrituras e ao Espírito Santo. O cristianismo não deve ser considerado uma ocupação passiva, baseada em uma expiação alcançada há muito tempo. Deve ser vivenciado como um relacionamento dinâmico e atual com Deus, que beneficia tanto quem somos quanto a maneira como nos relacionamos com os outros.

Pentecost

Como podemos entender o evento de Pentecostes, isto é, o dia em que o Espírito Santo se tornou ativo entre todas as pessoas, incluindo cristãos e não cristãos? De acordo com as Escrituras, muitas coisas dramáticas ocorreram: fogo apareceu sobre as cabeças dos seguidores de Jesus, houve o falar em línguas e mais de 3.000 se converteram! Com relação ao falar em línguas, várias interpretações entre os cristãos ocorreram. Os intérpretes pentecostais geralmente pensam que os seguidores de Jesus falaram nas línguas conhecidas de todas as pessoas presentes. Mais tarde, o falar em línguas consistiu em línguas conhecidas ou em línguas angélicas (por exemplo, 1 Coríntios 13:1). Como tal, o Pentecostes representou uma experiência

à qual todos os cristãos deveriam aspirar, após a conversão, conhecida como batismo com (ou no) Espírito Santo. Posteriormente, eles serão dotados sobrenaturalmente com um ou mais dons espirituais. Frequentemente, os pentecostais falam sobre a existência de nove dons espirituais:
> A cada um é dada a manifestação do Espírito, visando a um fim proveitoso. A um, pelo Espírito, é dada a palavra da sabedoria; a outro, pelo mesmo Espírito, a palavra do conhecimento; a outro, pelo mesmo Espírito, a fé; a outro, pelo mesmo Espírito, dons de curar; a outro, a operação de milagres; a outro, a profecia; a outro, o discernimento de espíritos; a outro, variedade de línguas; e a outro, a interpretação de línguas (1 Coríntios 12:7-11).

Entretanto, outras listas bíblicas sugerem dons espirituais adicionais (veja Romanos 12:6-8; 1 Coríntios 12:28; Efésios 4:11).

Intérpretes não pentecostais consideram o evento de Pentecostes como uma experiência única, que não deve necessariamente ser considerada normativa para todos. Uma grande coisa aconteceu no Pentecostes: o Espírito Santo veio à Terra, tornando-se universal e continuamente presente, para que o evangelho de Deus pudesse se espalhar com mais eficácia à medida que o Espírito capacitava os seguidores de Jesus. Independentemente de como se interprete os eventos de Pentecostes, eles destacam como os cristãos hoje ministram poderosamente — pelo Espírito Santo — a serviço de Deus e dos outros.

Por fim, o Pentecostes representa um exemplo definitivo de como o evangelho não era mais considerado apenas para os judeus, mas para todas as pessoas. Esse tema se repete ao longo do livro de Atos, que narra o que os primeiros cristãos fizeram imediatamente após a morte e ressurreição de Jesus. Quando Jesus estava prestes a ascender ao céu, seus seguidores o questionaram ansiosamente sobre a perspectiva de restabelecer o reino do Rei Davi, aqui e agora. Em vez disso, Jesus disse: "Não vos compete saber os tempos ou as épocas que o Pai reservou com a sua própria autoridade. Mas recebereis poder, ao descer sobre vós o Espírito Santo, e sereis minhas testemunhas tanto em Jerusalém como em toda a Judeia e Samaria e até os confins da terra" (Atos 1:7-8). Todos os confins da terra! O evangelho deveria ser inclusivo, não exclusivo; o evangelho deveria ser para todas as pessoas, independentemente de quem fossem. Ao longo do livro de Atos, inúmeras histórias relatam as dificuldades crescentes de aceitar outras pessoas — pessoas não judias, de outras origens raciais e étnicas, línguas e nacionalidades diferentes, e assim por diante. É claro que se pode dizer que os cristãos ainda hoje lutam para serem inclusivos, mas isso está no cerne do Evangelho de Jesus, especialmente conforme narrado no livro de Atos.

Comentários finais

Jesus pode não estar mais presente conosco pessoalmente, e sentimos falta dele. No entanto, Jesus disse que é melhor termos a presença constante do Espírito Santo do que tê-lo fisicamente presente na Terra. Por quê? É por causa da presença contínua e imediata do Espírito Santo em nossas vidas. O Espírito Santo nos conforta e encoraja em momentos de necessidade; o Espírito Santo nos traz à memória Jesus e seus ensinamentos e nos guia para a vida cotidiana; e talvez, o mais importante, o Espírito Santo nos capacita, dando-nos a graça de ser, pensar e agir de maneiras que agradem a Deus e nos realizem.

Você ainda tem dificuldade em visualizar o Espírito Santo? Pense em Jesus, ou se preferir, no Espírito de Jesus. O Espírito Santo representa Jesus, assim como representa Deus, nosso criador e santificador. Portanto, pense no Espírito de Jesus como alguém que está sempre conosco. Esse mesmo Espírito é o nosso maior defensor e consolador na vida.

Capítulo 15
Escritura, Tradição, Razão e Experiência

Quando comecei meus estudos na faculdade, participei de um seminário de escrita para calouros. Nele, meu professor aconselhava os alunos individualmente. Em uma das sessões de aconselhamento, meu professor me disse que eu não deveria usar tantos (se é que usaria) ponto e vírgula. Ele disse que era um estilo de escrita ruim. Em minha defesa, afirmei que as Escrituras continham ponto e vírgula. Em uma resposta direta, meu professor disse que não se importava se as Escrituras continham ponto e vírgula; era um estilo de escrita ruim. Fiquei perplexo! Não foi por causa do meu uso de ponto e vírgula, mas porque foi a primeira vez, na minha memória, que alguém de fora da igreja falou de forma tão decisiva (e indiferente) sobre as Escrituras serem de alguma forma "ruins ".

Na época, eu usava a versão King James da Bíblia de 1611, que usa a linguagem inglesa tradicional (por exemplo, "thee", "tu"). Além disso, ela não estava atualizada em relação às tendências modernas da gramática inglesa — sem mencionar o fato de que as línguas originais em que a Bíblia foi escrita não contêm pontuação alguma. Seja como for, eu havia questionado e debatido por muito tempo com familiares e amigos na igreja sobre as aparentes inconsistências das Escrituras, que iam desde inconsistências cronológicas em Gênesis até especulações fantásticas sobre o fim dos tempos relacionadas ao livro do Apocalipse. As Escrituras também não combinavam com o que me ensinavam na escola sobre física, geologia, biologia e ciências comportamentais. Historicamente, as Escrituras continham discrepâncias cronológicas internas e externas. Moralmente, eu encontrava cada vez mais ensinamentos éticos nas Escrituras que eram preocupantes: Escravidão? Violência contra as mulheres? Guerra? Genocídio? E esses ensinamentos preocupantes não ocorreram por instigação de pessoas, mas de Deus!

Quando criança, não frequentei uma igreja que impunha uma visão moderna do perfeccionismo bíblico, que, em sua manifestação mais simples, afirma que as Escrituras não contêm erros, incluindo erros sobre ciência e história. Cristãos que defendem a ausência de erros (ou inerrância) das Escrituras geralmente fornecem uma longa lista de qualificações para o que afirmam e negam sobre a definição de erro. Mas a presença de tantas qualificações suscita ainda mais a questão sobre as discrepâncias das Escrituras. Assim, estudei as Escrituras cada vez mais a fim de decidir por mim mesmo o que acredito sobre sua confiabilidade, veracidade e confiabilidade. Ironicamente, geralmente não são aqueles que não estão familiarizados com as Escrituras que mais lutam com sua verdade, moralidade e autoridade religiosa. Em vez disso, são aqueles que estudam as Escrituras em profundidade, por exemplo, seu gênero, contexto histórico e contexto literário, que mais lutam com sua confiabilidade. Isso nos lembra de examinar as Escrituras mais atentamente. Se não nos preocupamos com as alegações de verdade das Escrituras, então não as estamos lendo com atenção suficiente!

É claro que as Escrituras não caíram do céu, como alguns cristãos parecem pensar. Em vez disso, foram escritas ao longo de centenas de anos, e levou mais algumas centenas de anos após a vida de Jesus para que um cânone – ou conjunto padronizado de escrituras cristãs – fosse estabelecido. Então, vamos falar sobre algumas das características que os cristãos usam para descrever suas crenças sobre as Escrituras.

Inspiração das Escrituras

A maioria dos cristãos se refere a 2 Timóteo 3:16 para descrever as Escrituras como divinamente inspiradas: "Toda a Escritura é inspirada por Deus e útil para o ensino, para a repreensão, para a correção e para a educação na justiça, para que todo aquele que pertence a Deus seja proficiente e plenamente preparado para toda boa obra". Algumas traduções bíblicas de inspiração falam sobre ser "inspirada por Deus" (por exemplo, a Nova Versão Internacional), o que também enfatiza a natureza divina das Escrituras. No entanto, descrições subsequentes das Escrituras como "úteis" (ou "proveitosas", por exemplo, a Versão King James, a Nova Versão Padrão Americana) parecem decepcionantes, considerando as afirmações ambiciosas que os cristãos às vezes fazem sobre a perfeição ou a ausência de erros das Escrituras.

Embora a maioria dos cristãos acredite na inspiração divina das Escrituras, inspiração pode ser entendida de várias maneiras. Pode implicar uma inspiração absoluta, de modo que se possa deduzir uma Escritura perfeita, dada a inspiração de um Deus perfeito. No entanto, também pode implicar uma inspiração de ideias, como a forma como um professor inspira um aluno. Mas isso não implica necessariamente uma escrita que seja próxima da perfeição. Na história da igreja, não houve consenso sobre as implicações do que significa para as Escrituras ser divinamente inspirada. De fato, crescentes estudos históricos e críticos das Escrituras apontam para uma compreensão mais modesta e falível de sua confiabilidade, independentemente de se entender as Escrituras principalmente como um texto religioso ou como um texto igualmente autoritativo sobre ciência e história.

    Talvez uma palavra melhor para descrever a autoridade das Escrituras na história da igreja seja "suficiência", uma palavra que os cristãos têm usado em declarações doutrinárias para falar sobre a inspiração, confiabilidade e autoridade das Escrituras. A palavra suficiência tem a vantagem de ser encontrada nas Escrituras. Por exemplo, ao falar sobre como suas orações por cura não resultaram em cura, pelo menos não da maneira que ele esperava, o apóstolo Paulo disse que Deus, em vez disso, lhe disse: "A minha graça te basta, porque o meu poder se aperfeiçoa na fraqueza" (2 Coríntios 12:9). Embora Paulo não estivesse falando sobre as Escrituras, cristãos e igrejas têm usado a palavra suficiência para dizer que devemos nos contentar com as Escrituras que Deus nos deu, e não fantasiar as Escrituras que gostaríamos de ter. Afinal, seria bom ter uma Escritura inerrante ou infalível. Mas esses conceitos parecem mais uma ilusão projetada sobre as Escrituras, que se baseia em argumentos de orientação modernista (por exemplo, inerrância, infalibilidade), em vez de termos familiares encontrados nos textos bíblicos. Afinal, foi o Espírito Santo que moveu as pessoas a falar profeticamente de maneiras que levaram à escrita das Escrituras (2 Pedro 1:20-21). Portanto, é o Espírito Santo que garante a suficiência das Escrituras, e não argumentos científicos e históricos para legitimá-la.

Autoridade religiosa

    Desde a época de Jesus, a autoridade religiosa tinha mais a ver com autoridade pessoal do que com autoridade bíblica. Jesus concedeu autoridade aos seus discípulos e, na igreja primitiva, os discípulos representavam a principal autoridade religiosa de Deus.

Mais tarde, o livro de Atos fala sobre como o concílio de Jerusalém falou com autoridade em nome da igreja, e que não eram mais os discípulos que davam a liderança, mas o ancião Tiago (Atos 15:1-21). Apelos às Escrituras (principalmente o Antigo Testamento) foram feitos, mas a autoridade primária residia na liderança da igreja.

Durante séculos, a autoridade religiosa passou a ser exercida principalmente pela liderança da Igreja e, no cristianismo ocidental, o Papa e as tradições magistrais estabelecidas pela Igreja Católica em Roma tornaram-se, com o tempo, as principais autoridades religiosas. Novamente, no cristianismo ocidental, reformadores protestantes como Lutero acreditavam que a liderança da Igreja Católica havia se corrompido e, portanto, a única autoridade à qual os cristãos podiam recorrer com segurança era a Escritura. *Sola Scriptura* (lat., "somente a Escritura") tornou-se um slogan da Reforma, pois os protestantes precisavam estabelecer suas igrejas alternativas, especialmente na Europa Continental, onde Lutero supervisionou o cisma da Igreja Católica.

A Reforma também ocorreu na Grã-Bretanha, mas a liderança na Igreja da Inglaterra (também conhecida como Anglicanismo) queria orientar um "caminho do meio" (Lat., *via media*) entre o Catolicismo e o Protestantismo Continental. Ao orientar esse caminho do meio, os teólogos anglicanos admitiram que os cristãos confiam em mais autoridades do que apenas as escrituras. Também confiamos na razão e na tradição. Em reavivamentos protestantes posteriores, a experiência foi cada vez mais considerada como servindo de forma autoritária em como alguém entendia as crenças, valores e práticas cristãs. Por exemplo, Wesley apelou para a experiência como uma autoridade religiosa genuína — embora secundária — que incluía a experiência religiosa pessoal (por exemplo, conversão, oração) juntamente com outras experiências científicas e históricas. Ele não se considerava inovador teologicamente, mas sim reconhecia como todos os cristãos e igrejas faziam teologia, dentro do contexto da Escritura, tradição, razão e experiência.

Escritura, Tradição, Razão e Experiência

Há muitas maneiras pelas quais os cristãos se referem à natureza contextual de suas crenças, valores e práticas, e o quadrilátero wesleyano é apenas uma maneira de fazê-lo. Mas é preciso haver alguma consciência da relação interdependente entre múltiplas autoridades que afetam o funcionamento realista de cristãos e igrejas. Embora se possa acreditar que as Escrituras ocupem um lugar de prioridade como revelação divina, elas foram reveladas em contextos históricos e literários específicos, sendo escritas em vários gêneros. Portanto, precisamos reconhecer a interconexão dinâmica que ocorre entre Escritura, tradição, razão e experiência, pelo menos para compreender como cristãos e igrejas realmente decidem e aplicam suas crenças e valores.

De tempos em tempos na história da Igreja, os cristãos reduziram a teologia a apenas um modo de reflexão, elevando as Escrituras, a razão, a tradição ou a experiência acima de todas as outras formas de pensar sobre Deus. Por exemplo, os deístas do século XVIII priorizaram a razão em detrimento das Escrituras e da tradição, e os protestantes liberais do século XIX priorizaram a experiência em detrimento de todas as outras autoridades religiosas. Essas teologias colocaram em risco a compreensão histórica das Escrituras e da tradição cristã ortodoxa, embora sua influência continue.

Em nossa chamada era pós-moderna, os cristãos têm menos confiança na confiabilidade de qualquer autoridade religiosa, incluindo a autoridade bíblica. Embora possam acreditar que Deus transcende tais limitações, as pessoas não as transcendem e, portanto, as crenças, os valores e as práticas cristãs devem ser vistos como contingentes, e não como conhecimento certo. Eles são influenciados pelo contexto sociocultural específico em que surgiram. As Escrituras também devem ser consideradas contingentes — em algum grau — pelas situações específicas em que surgiram. Nem a argumentação racional nem a evidência empírica podem ser vistas como legitimadoras das alegações cristãs de verdade; são alegações de fé, e não alegações legitimadas por argumentação racional ou empírica. E embora possa parecer um ato de fé crer na Bíblia, até a própria Bíblia explica que isso acontece com frequência. Como observou o apóstolo Paulo, "andamos por fé, e não por vista" (2 Co 5:7).

Interpretação das Escrituras

Considerando o que aprendemos sobre a natureza situada das Escrituras, como elas devem ser interpretadas? Na igreja primitiva, os cristãos tinham plena consciência da dificuldade em interpretar passagens bíblicas. Duas formas iniciais de interpretação eram conhecidas como interpretações literais e alegóricas (ou figurativas, simbólicas). No entanto, os cristãos sabiam que, às vezes, uma interpretação literal nem sempre é a melhor maneira de interpretar uma passagem bíblica. Por exemplo, o que fazer com passagens que sugerem arrancar os olhos ou cortar as mãos se contribuírem para o pecado (por exemplo, Mateus 5:29; 18:9), quando tais práticas não são relatadas nas Escrituras nem na história da igreja? O que fazer com passagens que exortam a cumprimentar uns aos outros com um "ósculo santo" ou que proíbem as mulheres de usar "ouro, pérolas ou roupas caras", quando tais práticas são geralmente consideradas culturalmente relativas (por exemplo, Romanos 16:16; 1 Timóteo 2:9)? Às vezes, acreditava-se que passagens difíceis de entender seriam melhor interpretadas por uma abordagem alegórica, que inclui explicações que utilizam analogias, metáforas, tipologias ou outras imagens simbólicas. Na igreja primitiva, as interpretações alegóricas eram frequentemente consideradas como substituindo as interpretações literais, incluindo as interpretações literais de Gênesis e Apocalipse.

A maioria dos cristãos tenta ser indutiva em sua interpretação bíblica. Eles queriam que os textos bíblicos falassem por si mesmos, em vez de recorrerem fortemente a recursos teológicos e tradições da igreja. A indução enfatiza o estudo em primeira mão dos textos bíblicos, usando as Escrituras para interpretá-las. Muitas vezes, os cristãos recorrem imediatamente a dicionários, comentários e outros recursos prontamente disponíveis hoje, especialmente recursos online. Embora estes possam ser muito úteis, também precisamos lembrar que a Bíblia tem amplo significado por si só. As pessoas fariam bem hoje em estudar as Escrituras indutivamente por si mesmas, antes de chegarem a conclusões sobre textos bíblicos que então pregam, ensinam ou testemunham dedutivamente. Tanto a indução quanto a dedução são importantes para comunicar o evangelho, especialmente como encontrado nas Escrituras, mas começar indutivamente ajuda as pessoas a aprender sobre o texto bíblico por si mesmas.

Com o tempo, surgiram outras formas de interpretação ou crítica bíblica. Seria longo demais falar sobre todas elas. Basta dizer que, pelo menos, três coisas precisam ser consideradas ao interpretar as Escrituras. Primeiro, o gênero de um texto bíblico precisa ser considerado. O texto é uma narrativa histórica ou uma parábola, que deve ser interpretada de forma diferente? Outros gêneros incluem salmos, hinos, poesia, epístolas, literatura apocalíptica e outros, que exigem abordagens diferentes para a interpretação das Escrituras.

Em segundo lugar, estude o contexto histórico do texto bíblico. O que estava acontecendo na época da escrita? O que acontecia em outras partes do antigo Oriente Próximo que pode ser relevante para a interpretação das Escrituras? Informações históricas, arqueológicas e outras informações científicas comportamentais podem beneficiar muito a interpretação de um texto bíblico específico.

Terceiro, estude o contexto literário do texto bíblico, por exemplo, em relação a outros escritos que ocorreram perto da época em que as Escrituras foram escritas. Com muita frequência, os cristãos projetam nos textos bíblicos o que eles querem dizer, e não o que as Escrituras dizem. Essa projeção é conhecida como "eisegese" (a projeção de uma interpretação sobre um texto), em vez de "exegese" (a interpretação crítica de um texto). Os cristãos nem sempre querem estudar, em profundidade, o contexto literário de um texto. No entanto, compreender o contexto das passagens bíblicas é crucial quando se trata de interpretar adequadamente o que as Escrituras têm a dizer, em vez do que seus intérpretes podem querer que elas digam. Como disse D. A. Carson: "Um texto sem contexto é um pretexto para um texto de prova."

Comentários finais

Nossa terminologia, teologia e apologética modernas não são necessárias para defender a suficiência das Escrituras; a graça de Deus é suficiente. A afirmação da suficiência não impede o estudo histórico e crítico das Escrituras, mas admite humildemente a necessidade de utilizar mais, incluindo o uso da história da Igreja, do raciocínio lógico e de experiências relevantes.

A maioria dos cristãos mantém a crença na primazia da autoridade bíblica, mas hoje a afirma com uma compreensão mais contextual e, portanto, mais relevante de sua aplicação às pessoas — espiritual e fisicamente, individual e coletivamente, temporal e eternamente. Assim, a Escritura continua sendo a principal autoridade pela qual os cristãos definem suas crenças, valores e práticas.

Parte Cinco
"Para que todo aquele que crê não pereça"

Capítulo 16
Nossas escolhas fazem a diferença

Um dos meus hobbies favoritos é jardinagem. Quando eu era criança, jardinagem — especialmente arrancar ervas daninhas — era uma tarefa que eu detestava. No entanto, agora adulta, acho revigorante capinar, podar, plantar frutas e vegetais e cultivar flores. Gosto de me ajoelhar, passar as mãos na terra e regar plantas recém-enraizadas. É uma válvula de escape criativa, além de uma atividade fisicamente revigorante. Jardinagem me ajuda a relaxar, pensar e apreciar a beleza natural.

Jardinagem, agricultura e pastoreio eram analogias comuns usadas nas Escrituras para falar sobre a ação de Deus na vida das pessoas. Jesus disse: "Eu sou a videira, vocês são os ramos" (João 15:5). Em outro lugar, Jesus disse: "Eu sou o bom pastor. O bom pastor dá a sua vida pelas ovelhas" (João 10:11). Analogias semelhantes aparecem nas Escrituras que comunicam como Deus atua na vida das pessoas e por meio dela.

Como as plantas e os animais cresciam era geralmente um mistério para os escritores bíblicos, o que contribuía para o seu espanto com a criação de Deus e com o cuidado providencial de Deus por ela. As Escrituras falam sobre como as pessoas aprenderam cada vez mais sobre agricultura e pecuária ao longo do tempo. Ao longo dos séculos, as pessoas aprenderam muito mais sobre jardinagem, agricultura e pastoreio. E, no entanto, permanece um sentimento de admiração cada vez que uma planta brota da terra ou um cordeiro nasce. É como se poderes maravilhosos estivessem em ação, os quais nunca poderemos compreender plenamente. Talvez nos lembremos da soberania de Deus, não apenas sobre a natureza, mas também sobre nossas vidas e sobre nossa salvação.

Existem teologias cristãs que enfatizam a soberania de Deus e como Deus determina efetivamente a vida das pessoas, incluindo a eleição de alguns para a salvação (e talvez também a reprovação de outros para a condenação). Mas, predominantemente na história da Igreja, os cristãos têm acreditado que Deus opera pela graça na vida das pessoas para que elas possam responder aos impulsos do Espírito

Santo de Deus, atraindo-as à cooperação com a graça de Deus para aceitar ou rejeitar a obra de Deus, incluindo a da salvação.

Embora pareça piedoso dizer que "Deus fez tudo" e que "nós não fizemos nada", a realidade é que pensamos, dizemos e fazemos coisas pelas quais Deus nos considera responsáveis. Como isso é possível? O apóstolo Paulo faz uma analogia agrícola sobre a responsabilidade humana em 1 Coríntios 3:6, onde fala sobre o papel de Deus e o papel das pessoas em relação a questões espirituais; ele disse: "Eu plantei, Apolo [outro discípulo] regou, mas Deus deu o crescimento". É somente pela graça divina que o crescimento espiritual ocorre, mas, como afirma a analogia, Deus ainda espera que as pessoas "plantem" e "regem". Então, até que ponto as pessoas são consideradas responsáveis por plantar e regar de maneiras que contribuam para sua salvação, bem como por como devem viver a vida cristã?

Nas Escrituras, a responsabilidade que as pessoas têm é melhor compreendida em termos das várias alianças, ou promessas, que Deus fez. Embora existam diferentes maneiras de entender as alianças de Deus com as pessoas, visto que cada uma foi feita exclusivamente entre Deus e indivíduos (e grupos de indivíduos), Deus esperava alguma responsabilidade pela obediência das pessoas às alianças. O não cumprimento das alianças resultava em pecado; o sucesso em cumpri-las representava uma vida justa e justa. Assim, acreditava-se que existia algum grau de liberdade de escolha. Caso contrário, como Deus poderia, com justiça, responsabilizar as pessoas por suas decisões?

Debate Cristão Primitivo

O debate cristão primitivo sobre o papel das pessoas, especialmente no que diz respeito à salvação, começou com a diatribe teológica de Agostinho contra o bispo Pelágio no século IV. Embora saibamos pouco diretamente sobre os escritos de Pelágio, Agostinho acusou o bispo de defender a justiça pelas obras, pela qual as pessoas conquistam ou merecem a salvação de Deus. Nas Escrituras, o apóstolo Paulo rejeitou claramente a justiça pelas obras (por exemplo, Efésios 2:8-9).

Em vez disso, Agostinho argumentou que as pessoas sofrem de pecado original e nada podem fazer para ganhar ou merecer sua salvação. As pessoas devem confiar totalmente em Deus e na predestinação de Deus para a salvação. A predestinação de Deus ocorreu antes da criação do mundo e, nesta vida, a fé que temos indica que somos eleitos; caso contrário, não teríamos fé (por exemplo, Efésios 4:1). Da perspectiva de Agostinho, a graça divina é eficaz (ou irresistível) e, portanto, aqueles que têm fé devem dar graças e louvar a Deus, visto que não há condições que as pessoas devam cumprir para receber o dom da salvação.

Agostinho pode muito bem ser o teólogo mais influente da história da Igreja, e, no entanto, esta era uma área em que a maioria dos cristãos discordava dele. Em vez disso, Cesário de Arles e outros na Igreja primitiva acreditavam que Deus concede às pessoas uma medida de liberdade, que é iniciada, capacitada e completada pela graça divina, mas genuinamente livre, indeterminada por causas externas. Deus autolimita o poder sobre as pessoas para que elas tenham liberdade de aceitar ou rejeitar as coisas de Deus. Cesário presidiu eminentemente o Concílio de Orange em 425, que incluiu o Cânon 25:

> Acreditamos também, de acordo com a fé católica, que, após a graça recebida pelo batismo, todos os batizados são capazes e devem, com a ajuda e cooperação de Cristo, cumprir todos os deveres necessários à salvação, desde que estejam dispostos a trabalhar fielmente. Mas que alguns homens tenham sido predestinados ao mal pelo poder divino, não apenas não acreditamos, mas, se houver aqueles que estejam dispostos a acreditar em algo tão maligno, dizemos a eles, com toda a aversão, anátema.

"Anatehma", a palavra que Cesário usa para descrever os seguidores da predestinação, é um dos maiores insultos que alguém poderia ter proferido no século V. A partir de então, a maioria dos cristãos afirmou que as pessoas devem cooperar com Deus, tanto para sua salvação quanto para a vida cristã. Tal cooperação não é responsável pelo "aumento" divino, por assim dizer, mas descreve parte do "plantio" e "rega" condicionais esperados deles por Deus (cf. 1 Coríntios 3:6).

Agostinianismo e Semi-Agostinianismo

A visão defendida por Cesarius tem sido algumas vezes referida como *Semi-Agostinianismo,* uma vez que ainda enfatiza que a salvação é de fato um dom divino, que as pessoas recebem na iniciação de Deus. Mas isso não impede a responsabilidade genuína por parte das pessoas de aceitar ou rejeitar a salvação. Além disso, a vida cristã deve ser entendida como um relacionamento contínuo entre os crentes e o Espírito Santo de Deus, em parceria de maneiras que demonstram tangivelmente o amor dos crentes por Deus, bem como o amor por si mesmos e pelos outros. Portanto, nossas escolhas fazem a diferença de muitas maneiras. Exemplos de cristãos e igrejas que afirmam o Semi-Agostinianismo incluem católicos, igrejas ortodoxas, anglicanos, arminianos, metodistas, pentecostais e outros. Eles constituem esmagadoramente a maioria dos cristãos, tanto do passado quanto do presente.

Sem dúvida, uma medida de mistério permeia a relação entre o papel de Deus e o papel das pessoas nas questões da vida. E não são apenas Deus e as pessoas que têm a capacidade de impactar o mundo. A própria natureza possui uma medida de independência, criada por Deus, que pode ser tanto um obstáculo quanto uma ajuda para as pessoas. Nesse contexto, não existe liberdade ilimitada. Pelo contrário, as pessoas são sempre limitadas de muitas maneiras. Por exemplo, como as pessoas podem ter certeza sobre a extensão da liberdade que têm? Quão extensivamente seu contexto pessoal, biológico e sociocultural afeta sua tomada de decisão? Como se poderia esperar, a liberdade humana representa uma afirmação de fé que os cristãos têm, que eles acreditam ser articulada nas Escrituras e corroborada pela experiência. Apesar das influências naturais e sobrenaturais (incluindo demoníacas) que desafiam a tomada de decisão humana, acredita-se que as pessoas têm liberdade — e responsabilidade — suficientes para fazer o que Deus quer que façam, o que é tanto capacitado quanto auxiliado pelo Espírito Santo.

Durante a Reforma Protestante, o agostinianismo ressurgiu na teologia de Lutero e Calvino. Eles acreditavam que Deus é soberano e que o estado totalmente depravado da humanidade impedia qualquer condição humana para a salvação. Calvino foi além, argumentando que Deus predeterminou tanto quem seria salvo quanto quem seria condenado. Os seguidores de Calvino às vezes chamam isso de dupla predestinação, visto que o bem-estar eterno das pessoas — tanto a salvação quanto a condenação — depende dos decretos de Deus antes da criação do mundo, e não da condição das escolhas das pessoas. Calvino disse que se pode dizer que as pessoas têm liberdade, de certa forma, mas era liberdade para fazer o que é compatível com a predestinação divina, visto que a graça de Deus é irresistível.

Confuso?

Os cristãos de hoje às vezes se confundem com esses debates, e isso é compreensível. Isso se deve, em parte, às categorias limitadas com as quais pensam sobre o tema da liberdade humana. Por exemplo, se afirmar a soberania de Deus representa a crença mais elevada de alguém, então qualquer discussão sobre o papel das pessoas na tomada de decisões pode parecer herética! Mas esse tipo de pensamento de "ou isto ou aquilo" é inadequado e ingênuo, tanto em relação às Escrituras quanto à maneira como as pessoas realmente vivem suas vidas. Novamente, parece piedoso dizer que Deus faz tudo e que planeja meticulosamente tudo o que ocorre (até mesmo o pecado e o mal, a dor e o sofrimento), mas isso não é suficiente para a compreensão das Escrituras e da experiência. Embora algumas referências bíblicas sugiram que Deus controla e planeja tudo meticulosamente, mais passagens das Escrituras sugerem que Deus responsabiliza as pessoas por suas escolhas — em relação ao pecado, à salvação e à vida cristã. Os planos de Deus para a humanidade são mais gerais, em vez de meticulosos; de modo geral, Deus criou um contexto para as pessoas, propício à tomada de decisões responsáveis. Embora Deus possa soberanamente intervir no mundo a qualquer momento e operar milagrosamente, e Deus faz isso de tempos em tempos, Deus geralmente opera de forma persuasiva na vida das pessoas, exigindo que tomem decisões responsáveis, em vez de ordenar de forma compulsória cada detalhe de suas vidas.

De fato, a maioria dos cristãos defende uma visão mais semiagostiniana do livre-arbítrio humano (ou, como Wesley preferia dizer, "livre graça"), visto que até mesmo as escolhas livres e sem coerção das pessoas são possibilitadas pela graça de Deus operando em suas vidas. Ainda assim, suas escolhas fazem a diferença! Não é de se admirar que as Escrituras dêem tanta ênfase às escolhas das pessoas, à necessidade de se arrependerem, crerem e cumprirem as alianças que Deus fez com elas. Em particular, a nova aliança do evangelho fala sobre a necessidade de as pessoas escolherem sabiamente ao se relacionar com Deus, consigo mesmas e com os outros, de maneiras justas, justas e boas.

Teísmo Aberto

Ao falar sobre a liberdade humana, o teísmo aberto representa um relativo retardatário nas discussões sobre o papel de Deus e o papel das pessoas nos acontecimentos da vida. Durante o século XX, alguns cristãos passaram a acreditar mais fortemente na liberdade que as pessoas têm, em parte devido à sua visão mutável de Deus. Os teístas abertos argumentam que uma leitura mais fiel das Escrituras revela uma representação de Deus que a maioria dos cristãos na história da igreja exagerou, atribuindo a Deus atributos mais abrangentes do que os textos bíblicos descrevem. Por exemplo, as Escrituras falam sobre Deus mudando a Sua mente, arrependimento (ou arrependimento, dependendo da tradução bíblica) sobre decisões divinas tomadas e raiva sobre as ações das pessoas. De fato, o próprio ato de orar pressupõe que as pessoas podem mudar a mente ou os planos de Deus por meio de suas intercessões.

Embora os teístas abertos acreditem que Deus é todo-poderoso e onisciente, eles não acreditam que Deus possa conhecer o incognoscível, isto é, aquilo que ainda não ocorreu (ou seja, o futuro; também conhecido como contrafactuais). Assim, como Deus conhece tudo o que é cognoscível no passado e no presente, Ele pode prever o futuro com maestria. Mas nem mesmo Deus sabe ao certo o que acontecerá, o que as pessoas decidirão e quais anomalias naturais poderão ocorrer.

Essa visão de Deus difere da compreensão cristã histórica e ajuda a explicar algumas passagens bíblicas problemáticas, mas não todas. Por exemplo, se Deus não conhece o futuro com certeza, como se explica a profecia nas Escrituras? Embora os teístas abertos possam admitir que não conseguem explicar a especificidade de cada profecia bíblica, argumentam que a maioria delas pode ser descartada como tendo sido feita condicionalmente. Por exemplo, algumas se baseavam na obediência ou desobediência das pessoas aos mandamentos de Deus, ou algumas se referiam a intenções específicas que Deus havia planejado para o futuro. No que diz respeito à oração, no entanto, os teístas abertos argumentam que sua teologia faz mais sentido nas Escrituras. As pessoas nas Escrituras, incluindo as pessoas de hoje, oram com a intenção de mudar as circunstâncias presentes, ou de mudar a mente ou os planos de Deus para suas vidas. O teísmo aberto não é heterodoxo no sentido de que os cristãos do passado nunca levantaram questões semelhantes, e, portanto, ainda não se sabe se as visões teístas abertas conquistarão a fidelidade dos cristãos e igrejas atuais.

Comentários finais

Como mãe, sou grata por minhas três filhas terem se desenvolvido bem, se me permite dizer! Mas ainda me reservo o direito parental de me preocupar com elas. (E nem me venham falar em me preocupar com netos!) Eu não controlo meus filhos, e quanto mais velhos eles ficam, menos controle (e responsabilidade) tenho sobre eles. Mas gostaria de acreditar que minha educação parental teve alguns efeitos positivos em suas tomadas de decisão — no passado, no presente e no futuro.

A analogia de Deus como pai é uma maneira poderosa de pensar sobre nosso relacionamento com Deus. Como um pai, especialmente com crianças menores, Deus quer nos nutrir de maneiras que não apenas nos tornemos mais responsáveis, mas também mais humildes em responder a Deus com fé e arrependimento, para que possamos receber a provisão divina para a vida eterna no céu. Mas a restauração do relacionamento com Deus impacta como vivemos aqui e agora, e não apenas em relação ao futuro. Não devemos ser "tão voltados para o céu que não tenhamos utilidade terrena", como diz o ditado. Em vez disso, devemos pensar em como nossas decisões fazem a diferença, tanto em relação a como Deus guia a tomada de decisões justas, corretas e amorosas agora, quanto em como podemos receber a plenitude dos benefícios de Deus no céu.

Capítulo 17
Ordens de Salvação

Quando eu era jovem, eu me encantava com histórias sobre experiências dramáticas de conversão: aprendi sobre o apóstolo Paulo, um ex-perseguidor de cristãos que foi cegado por um clarão de luz e ouviu a voz de Deus antes de se converter ao cristianismo. Aprendi sobre Agostinho, que viveu uma vida de luxúria antes de se conformar com suas más ações (incluindo, a mais famosa, o roubo de peras). E admirei a história de conversão do famoso reformador protestante Lutero, que confrontou sua fé em meio aos clarões e torrentes de uma tempestade. Celebridades cristãs contemporâneas também testemunham ter vivido vidas de devassidão embriagada, experimentação de drogas e sexo lascivo antes de se converterem, geralmente em um momento instantâneo de iluminação, fé e arrependimento, seguido (aparentemente) por histórias ininterruptas de vida bem-sucedida.

É claro que, na minha juventude, eu talvez tenha romantizado essas histórias de sucesso espiritual e, até certo ponto, também me ressentia delas. Embora eu fosse cristão, no meu entendimento do termo, eu tinha uma formação espiritual bastante entediante. Envolvia principalmente crescer na igreja. Como eu poderia compartilhar meu testemunho cristão com os outros se não tivesse uma história dramática de conversão? (Além disso, eu secretamente invejava que outros tivessem tido a chance de se entregar ao álcool, às drogas e ao sexo, e eu tivesse perdido a oportunidade de fazê-lo.) De certa forma, eu me sentia enganado. Por que Deus deu a algumas pessoas experiências espirituais incrivelmente memoráveis, enquanto outros cristãos lutavam ao longo do tempo com perguntas, dúvidas ou vidas espirituais entediantes — relativamente falando?

Embora eu tenha frequentado uma universidade laica, li *As Variedades da Experiência Religiosa,* de William James. Ele não especulava sobre a origem das experiências religiosas, mas sim sobre como elas podem ser estudadas e avaliadas empiricamente. Basicamente, James sugeriu que as experiências religiosas das pessoas podem ter tanto (ou mais) a ver com suas origens pessoais e culturais do que com o envolvimento ou desígnio de Deus. Achei esse conceito da ciência comportamental libertador, pois me ajudou a avaliar com mais sensatez minhas próprias experiências religiosas, por mais despretensiosas que parecessem.

Ao longo da história da Igreja, os relatos de pessoas sobre como se tornaram cristãs revelam um espectro notavelmente amplo de experiências. Embora alguém possa ter crescido com (ou aprendido) uma compreensão limitada da conversão religiosa, as pessoas testemunham uma surpreendente variedade de maneiras pelas quais se tornaram cristãs. Essa variedade também aparece nas Escrituras, embora alguns versículos tendam a ser mais enfatizados do que outros. Portanto, não devemos nos surpreender ao descobrir que diversas "ordens" ou experiências de salvação diferentes foram mencionadas por cristãos, tanto do passado quanto do presente.

Salvação nas Escrituras

O que as Escrituras dizem sobre a salvação em geral e a conversão em particular? João 3:16 é um ótimo ponto de partida para explorar essa questão. Ele diz: "Porque Deus amou o mundo de tal maneira que deu o seu Filho unigênito, para que todo aquele que nele crê não pereça, mas tenha a vida eterna." Parece que, da perspectiva das pessoas — que são os sujeitos da salvação — a única condição é a crença, ou fé. Ensinamentos semelhantes podem ser encontrados em toda a Escritura.

No entanto, outras passagens nas Escrituras sugerem outras supostas condições para a salvação. Por exemplo, no início do Evangelho de Marcos, considerado o primeiro Evangelho escrito, outras condições são mencionadas: "Jesus chegou à Galileia, pregando as boas-novas de Deus e dizendo: 'O tempo está cumprido, e o Reino de Deus está próximo; arrependei-vos e crede nas boas-novas'" (Marcos 1:14-15). Portanto, tanto o arrependimento quanto a fé são condições necessárias para a salvação.

No dia de Pentecostes, o maior evento evangelístico das Escrituras é relatado, com mais de 3.000 convertidos. O chamado de Pedro à salvação consistia no seguinte: "Arrependei-vos, e cada um de vós seja batizado em nome de Jesus Cristo, para remissão dos vossos pecados, e recebereis o dom do Espírito Santo" (Atos 2:38). Aqui nada é dito sobre crença ou fé; em vez disso, Pedro disse às pessoas para se arrependerem e serem batizadas, e então receberiam o "dom do Espírito Santo", isto é, a salvação. Essas referências bíblicas lançam suspeitas sobre o slogan da Reforma Protestante sobre a salvação "somente pela fé" (lat., *sola fide*). Afinal, as Escrituras não dizem explicitamente que as pessoas são salvas (ou justificadas diante de Deus) somente pela fé, embora digam o oposto em Tiago 2:24: "Vedes que o homem é justificado pelas obras, e não somente pela fé".

As Escrituras não prescrevem nenhuma ordem específica de salvação. Mas descrevem uma variedade de maneiras pelas quais as pessoas se converteram genuinamente, por exemplo, pela fé, arrependimento, batismo e outros meios. Portanto, é preciso cautela ao pensar em qualquer ordem específica de salvação (ou experiência de salvação) como normativa para todos. As pessoas devem ser livres para se tornarem cristãs da maneira que vivenciarem em seu contexto particular, seja ela gradual ou instantânea, dentro ou fora do contexto da igreja, ou individual ou coletivamente. Nas Escrituras, famílias inteiras se converteram e foram batizadas de uma só vez (por exemplo, Atos 16:33), o que deve nos tornar ainda mais humildes em termos das maneiras específicas pelas quais entendemos como as pessoas vivenciam a salvação cristã.

Ordens de Salvação

Após a Reforma Protestante, surgiram diversas igrejas e grupos de igrejas. Para diferenciá-las, às vezes se dava atenção às diferentes ordens de salvação que cada uma delas promovia. Essas diferenças eram teologicamente importantes e ajudavam as pessoas a entender como as diversas tradições cristãs entendiam e aplicavam as Escrituras.

Antes da Reforma Protestante, as Igrejas Católicas entendiam amplamente o caminho para a salvação por meio dos sacramentos. Os católicos afirmam sete sacramentos, e cinco deles têm a ver principalmente com a salvação e com a vivência da vida cristã. Primeiro, o sacramento do Batismo purifica as pessoas — incluindo as crianças — do pecado original e as torna cristãs, filhos de Deus e herdeiros da vida eterna. Segundo, o sacramento da Confirmação dá aos batizados a oportunidade de confirmar a fé na qual foram batizados, tendo atingido a idade da razão (ou responsabilidade), e de receber um aumento da graça santificante, dos dons e da força espiritual. Terceiro, o sacramento da Eucaristia (ou Sagrada

Comunhão) fortalece graciosamente os cristãos e serve para unir a Igreja Católica. Quarto, o sacramento da Reconciliação (ou Penitência) tem a ver com o perdão dos pecados após o batismo, enfatizando a necessidade de fé contínua e renovação na vivência da vida cristã. Quinto, o sacramento da Unção dos Enfermos auxilia as pessoas que precisam de cura, de uma forma ou de outra; Ela também auxilia as pessoas em sua fragilidade como seres finitos e pecadores, que aguardam o dom divino da vida eterna. (Nota: Os outros dois sacramentos católicos serão discutidos no Capítulo 21.)

Os cristãos ortodoxos têm uma visão semelhante do papel dos sacramentos para a salvação. Eles diferem na forma como pensam a salvação em relação à *theosis* (grego: "deificação"), que representa um processo contínuo de transformação espiritual pela graça divina. Por meio *da theosis*, as pessoas são salvas e crescem progressivamente em semelhança a Cristo, à medida que participam do Espírito de Deus, com quem os cristãos crescem em união espiritual (ou comunhão) com Deus.

Ordens Protestantes de Salvação

As tradições protestantes se distinguiam de outros protestantes (assim como dos católicos) por falarem sobre sua compreensão de como as pessoas normalmente se tornam cristãs. Embora cristãos da mesma tradição teológica possam divergir entre si, as seguintes ordens de salvação fornecem um ponto de partida para a conversa. (Esta lista não exaustiva das visões protestantes.) As palavras no esboço a seguir podem parecer um pouco confusas ou desconhecidas: Iluminação? Regeneração? Glorificação? O que significam? Explicarei isso com mais detalhes posteriormente nesta seção.

- Luteranos: chamado, iluminação, conversão (fé, arrependimento), regeneração, justificação, santificação, união com Cristo e glorificação
- Reformados (calvinistas): eleição, predestinação, chamado eficaz, regeneração, fé, arrependimento, justificação, santificação e glorificação
- Arminianos: chamado, fé, arrependimento, regeneração, justificação, perseverança e glorificação
- Wesleyanos: chamado, conversão (fé, arrependimento), regeneração, justificação, certeza, arrependimento após

justificação e santificação gradual, inteira santificação e glorificação

Para aqueles que não estão familiarizados com os termos acima mencionados, deixe-me dar definições gerais para eles, especialmente no que diz respeito à salvação:

- O chamado tem a ver com o chamado de Deus para a salvação (ou serviço), e o chamado eficaz tem a ver com o chamado de Deus como algo irresistível.
- Iluminação tem a ver com entender o chamado de Deus.
- A predestinação tem a ver com a determinação de Deus sobre quem será salvo; alguns cristãos consideram a predestinação irresistivelmente decretada por Deus, enquanto outros cristãos a consideram baseada na presciência de Deus sobre quem irá (ou não) crer.
- Conversão tem a ver com voltar-se para Deus (fé) e abandonar o pecado (arrependimento); algumas ordens de salvação falam sobre conversão, enquanto outras falam sobre fé e arrependimento.
- Fé tem a ver com confiar em alguém ou em alguma coisa, e arrependimento tem a ver com tristeza e confissão de pecado.
- A regeneração tem a ver com a transformação dos crentes em maior justiça (santidade, perfeição) e, junto com a regeneração, a justificação tem a ver com a maneira como Deus vê as pessoas "como se" elas já tivessem se tornado justas, devido à expiação de Jesus.
- Perseverança tem a ver com ser firme na fé com a qual alguém se converteu.
- Certeza tem a ver com a confiança dada por Deus na salvação, que é um privilégio dos crentes.
- Santificação tem a ver com o processo regenerativo contínuo de transformar os crentes em maior retidão; inteira santificação tem a ver com a crença de que os crentes podem experimentar um grau maior de semelhança a Cristo nesta vida, auxiliados pelo arrependimento após a justificação e pela santificação gradual.
- União com Cristo é um termo com entendimento variado, que tem a ver com o relacionamento íntimo de um crente com Jesus Cristo ou com um passo no chamado eficaz de um crente.

- A glorificação tem a ver com o recebimento da vida eterna no céu.

Comparações e contrastes extensos podem ser feitos sobre as ordens de salvação mencionadas. No entanto, vou me concentrar em apenas um tópico, a saber, o papel da graça divina. A graça salvadora é eficaz (e irresistível) ou é preveniente (e resistível)?

Cristãos reformados (calvinistas) estão fortemente empenhados em afirmar que a salvação ocorre eficazmente, com base em sua crença na eleição e predestinação eternas de Deus. Os estágios da salvação são eficazes, isto é, irresistíveis: chamado, regeneração, fé, arrependimento, justificação, santificação e glorificação. A salvação é tarefa de Deus, e não das pessoas. As pessoas agem de forma compatível com a graça eficaz e irresistível de Deus, mas não há condições — tecnicamente falando — pelas quais sejam responsáveis na ordem da salvação. Os luteranos concordavam amplamente com as visões reformadas sobre a graça eficaz e a salvação, embora não se concentrassem nelas de forma tão contundente.

Em contraste, os cristãos arminianos e wesleyanos dão mais ênfase à forma como as pessoas são parceiras do Espírito Santo de Deus na concretização da salvação pessoal. É isso que queremos dizer quando falamos de graça preveniente — uma cooperação sinérgica entre os indivíduos e o Espírito Santo de Deus. O Espírito de Deus opera de maneiras que os chama e os persuade a ter fé e arrependimento, condições para receber o dom gratuito da vida eterna, concedido por Deus. Da mesma forma, após a conversão, os cristãos devem continuar a exercer fé, esperança e amor para manter seu relacionamento reconciliado com Deus, visto que os relacionamentos devem ser mantidos e nutridos. Nesse modelo, a salvação é um esforço colaborativo entre Deus e os seres humanos.

Durante a Reforma Protestante, cristãos luteranos e reformados reafirmaram uma ênfase teológica agostiniana na soberania de Deus e na irresistibilidade da provisão divina da salvação. Em contraste, anglicanos, arminianos e wesleyanos reafirmaram uma ênfase teológica semi-agostiniana na preveniência da graça divina e na resistibilidade da provisão divina da salvação, mantendo a crença na soberania de Deus. Estes últimos acreditavam que cristãos luteranos e reformados foram longe demais ao rejeitar o papel das pessoas na salvação. Em vez disso, anglicanos, arminianos e wesleyanos concordaram com as igrejas católicas e ortodoxas históricas que afirmavam uma visão mais semi-agostiniana da cooperação das pessoas com a graça divina na escolha de aceitar a provisão divina da salvação.

Salvação: Um Evento Único e Complexo
Alguns cristãos descrevem a salvação como um verbo, em vez de um substantivo, visto que ela é dinâmica, relacional e necessita de participação humana contínua. De fato, a provisão divina para a salvação é um dom da graça divina, que Jesus nos concedeu, e jamais pode ser alcançada por obra ou mérito humano. Em resposta, as pessoas devem decidir — pela graça de Deus — aceitar ou rejeitar a salvação. Como as dimensões restaurativas da salvação são contínuas, os cristãos não cessam seu envolvimento participativo após a conversão. Pelo contrário, devem estar ativamente envolvidos com a graça santificadora de Deus, que enriquece suas vidas, bem como seus relacionamentos com os outros.

A salvação não é apenas um evento único; é um evento complexo que implica responsabilidades contínuas para o relacionamento das pessoas com Deus, consigo mesmas e com os outros. Como disse C.S. Lewis, o cristianismo é ao mesmo tempo "fácil" e "difícil ". É fácil porque a salvação é uma dádiva. Nunca devemos esquecer que somos salvos, não porque a merecemos, mas porque humildemente nos voltamos para Deus em busca de perdão, visto que estamos muito aquém de uma vida justa e justa. Por outro lado, o cristianismo é difícil porque Deus quer que os convertidos dediquem toda a sua vida a Ele — todos os seus valores, expectativas e seguranças. Paulo diz: "Rogo-vos, pois, irmãos, pela compaixão de Deus, que apresenteis os vossos corpos como um sacrifício vivo, santo e agradável a Deus, que é o vosso culto racional" (Romanos 12:1). É um sacrifício difícil, mas vale o risco. No Evangelho de Mateus, Jesus convida as pessoas à salvação com a frase: "Vinde a mim, todos os que estais cansados e sobrecarregados, e eu vos aliviarei. Tomai sobre vós o meu jugo... porque o meu jugo é suave e o meu fardo é leve" (Mateus 11:28-30). Jesus usa a imagem de um jugo, que é o instrumento que se coloca sobre o lombo do gado enquanto este carrega uma carga, como arar uma terra. Jesus diz que o jugo é suave e o fardo é leve — mas temos que lembrar que ainda é um jugo, e que compartilhamos alguma responsabilidade em levar a nossa salvação adiante. Sempre gostei de como o missionário Jim Elliot descreveu como é seguir Jesus: "Não é tolo aquele que dá o que não pode guardar para ganhar o que não pode perder." Temos mais a ganhar com a salvação do que a perder, mas isso não significa que não haja sacrifício envolvido.

Portanto, a salvação envolve mais do que obter um "passe livre do inferno" ou uma "passagem grátis para o céu", embora haja um fundo de verdade em ambos os clichês. A salvação representa um ponto de partida para um novo relacionamento com Deus, um relacionamento que se deleita no perdão, na restauração e na promessa da vida eterna. A salvação também representa um ponto de partida, nesta vida, para um relacionamento contínuo com Deus por meio do Espírito Santo.

O Espírito Santo não se contenta em deixar você esperar até a morte. Deus quer trabalhar em e através de suas vidas, ajudando os cristãos a se tornarem e agirem mais como Jesus. Assim, poderão ser mais amorosos com Deus, consigo mesmos e com os outros. De fato, Deus quer ministrar de maneira abundante por meio de cristãos e igrejas. Eles não recebem "graça barata", como Dietrich Bonhoeffer admoestou. A salvação foi comprada por um preço, o preço da vida expiatória, morte e ressurreição de Jesus. Em gratidão e louvor a Deus, os cristãos devem se abrir às maneiras dinâmicas pelas quais o Espírito Santo os conduz em uma vida semelhante à de Cristo.

Comentários finais

Não existe uma ordem prescrita para a salvação, nem mesmo nas Escrituras. Deus acolhe a todos para que sejam restaurados de vidas de pecado, rebeldia, indiferença e outros obstáculos, para um relacionamento correto com Deus. Não se prenda a visões específicas sobre como se tornar ou ser um cristão. É perda de tempo e energia preocupante!

Acredito que Deus acolhe todos aqueles que desejam, de todas as maneiras necessárias, que as pessoas retornem ao Seu abraço amoroso. As pessoas precisam dar um passo crucial em direção à salvação, independentemente de acontecer durante os ritos e rituais de confirmação, uma conversão dramática em um encontro de reavivamento ou uma aceitação silenciosa durante a leitura de um livro. Todos são bem-vindos!

Capítulo 18
Justiça e Justificação

Enquanto frequentava o seminário, conheci um colega que passou um fim de semana em Washington, D.C., com outros seminaristas, protestando contra a Lei de Equidade Tributária e Responsabilidade Fiscal (TEFRA) de 1982. Apesar de todo o discurso do presidente Ronald Reagan sobre cortes de impostos, a TEFRA foi o maior aumento de impostos em tempos de paz da história dos EUA. Assim, os seminaristas viajaram para protestar contra políticas que aumentavam desproporcionalmente os impostos para as classes média e baixa, enquanto preservavam cortes exorbitantes de impostos para a classe alta.

Quando minha amiga voltou, perguntei sobre sua experiência. Ela me contou como os manifestantes consideravam parte de sua obrigação moral como cristãos defender tudo o que empobrece as pessoas — física, econômica, política e espiritualmente, tanto dentro quanto fora da igreja. Minha amiga me contou sobre as orações feitas, os hinos cantados, as placas exibidas, as rotas de protesto percorridas e os sermões e discursos proclamados. Admito que era um mundo de ativismo desconhecido para mim. Eu havia protestado brevemente na universidade que frequentava, defendendo seu desinvestimento em corporações multinacionais que apoiavam o apartheid na África do Sul. Mas eu havia sido um manifestante reticente e dado apoio medíocre à causa.

Então, minha amiga me chocou ao dizer que, durante o protesto, nunca havia se sentido tão próxima de Deus em toda a sua vida. Essa declaração me deixou perplexa! Eu vinha de uma formação religiosa que encontrava proximidade com Deus participando dos sacramentos, estudando as Escrituras, orando, jejuando ou vivendo uma vida santa. Mas proximidade com Deus em um protesto civil? Isso não fazia sentido na minha mente ou experiência. No entanto, ao longo dos anos, desde a conversa com minha amiga, passei a reconhecer que existem muitas maneiras pelas quais as pessoas se sentem próximas de Deus. Por que essa sensação de intimidade espiritual não deveria ocorrer em meio à defesa de valores que são justos e corretos?

Ao longo da história da igreja, cristãos e igrejas têm se envolvido de diversas maneiras com questões de justiça. Na maioria das vezes, os cristãos preferem falar sobre justificação, em vez de justiça. Justificação tem a ver com a forma como Deus olha para os convertidos "como se" fossem justos, ou como se fossem retos, por causa da expiação de Jesus em seu favor. Os cristãos gostam de falar sobre justificação, pois ela envolve seu bem-estar eterno! Justiça, por outro lado, tem a ver com equidade, equidade, imparcialidade e respeito pelas pessoas. Os cristãos não têm falado tanto sobre justiça. Por quê? Não há uma resposta única para essa pergunta, é claro. No entanto, justiça e justificação estão relacionadas. Além disso, ambas são importantes nas Escrituras e, portanto, devem ser promovidas e não negligenciadas.

Traduzindo *Dikaiosuné*

A palavra grega *dikaiosuné* no Novo Testamento pode ser traduzido como "retidão" ou "justiça". Na maioria das traduções, a palavra "retaliação" é usada, em vez de "justiça", mas por quê? Considere, por exemplo, a bem-aventurança de Jesus no Sermão da Montanha: "Bem-aventurados os que têm fome e sede de justiça, porque eles serão fartos" (Mateus 5:6). Mas e se fosse traduzido: "Bem-aventurados os que têm fome e sede de justiça "? O significado seria bem diferente! De fato, dado o contexto das bem-aventuranças de Jesus, usar a palavra "justiça" faz mais sentido do que "retidão". Considere uma bem-aventurança posterior: "Bem-aventurados os que são perseguidos por causa da justiça, porque deles é o reino dos céus" (Mateus 5:10). Embora as pessoas possam perseguir os seguidores de Jesus por serem justos, é mais provável — no contexto — que eles fossem perseguidos por defenderem a justiça. Versículos subsequentes no Sermão da Montanha de Jesus falam sobre outras maneiras pelas quais seus seguidores podem enfrentar a injustiça por meio da desobediência civil não violenta, por exemplo, "oferecendo a outra face" ou "indo além" (Mateus 5:38-41).

A justiça é um tema proeminente em todo o Antigo Testamento. Deus é descrito como um Deus de justiça, e espera-se que aqueles que O seguem também ajam com justiça. Miquéias 6:8 fala famosamente sobre a prioridade de promover a justiça: "Ele te declarou, ó homem, o que é bom; e o que o Senhor pede de ti, senão que pratiques a justiça, ames a beneficência e andes humildemente com o teu Deus?" Muitos outros versículos poderiam ser citados para falar sobre como a justiça deve ser ativamente promovida: primeiro, nas relações individuais com as pessoas, e segundo, coletivamente, nas relações com pessoas dentro e fora da comunidade, tribo ou nação.

A justiça no Antigo Testamento diferia da justiça na Roma antiga. Os romanos enfatizavam a justiça distributiva, ou justiça de igualdade (lat., *iustitia distributiva*), que conota equivalência sem acepção de pessoas. Os romanos eram bem conhecidos por sua ênfase na justiça, na lei e na equidade para os cidadãos romanos. No Antigo Testamento, a justiça incluía a restauração entre Deus e o povo (e entre povo e povo), a defesa contra injustiças sociais e interpessoais, e a distribuição de bens para aqueles que sofriam na sociedade com pobreza, doença ou negligência. Os antigos israelitas também eram conhecidos por sua ênfase na justiça, mas sua justiça, leis e equidade pretendiam se estender para além de Israel. Por exemplo, eles deveriam acolher estrangeiros (estrangeiros, forasteiros) e tratá-los com igualdade, visto que os israelitas haviam sido estrangeiros no Egito (Levítico 19:34; Deuteronômio 10:19). Embora Deus tenha revelado a Moisés mandamentos e códigos para os israelitas obedecerem, eles eram destinados a todos, e não apenas aos cidadãos israelitas.

Parte do problema em não reconhecer a importância da justiça no Novo Testamento pode talvez ser nominal, isto é, uma questão de palavras escolhidas para traduções bíblicas e para o discurso cristão. Mas as palavras fazem a diferença, e os cristãos devem estar cientes dos desafios de tradução. Vejamos, por exemplo, a tradução da palavra grega *koinonia* para a tradução em inglês. Normalmente, a palavra é traduzida como "comunhão". Mas *koinonia* também pode ser traduzida como "compartilhamento", "participação" ou "contribuição". Às vezes, as traduções das Escrituras usaram várias palavras para *koinonia*, como "comunhão e compartilhamento", o que pode transmitir o significado melhor do que uma tentativa de tradução palavra por palavra. Afinal, *koinonia* tinha a ver com mais do que mera comunhão dentro da tribo; também tinha a ver com compartilhar tangivelmente as posses de alguém com os outros. Talvez o mesmo pudesse ser dito para *dikaiosuné*, que pode ser melhor traduzido como "justiça *e* retidão" (ênfase minha).

No Antigo Testamento, os profetas frequentemente associavam "justiça" e "retidão". O Livro de Amós, por exemplo, associa as duas palavras, geralmente falando primeiro sobre justiça (Amós 5:7, 5:24, 6:12). É claro que Amós falava em hebraico, usando as palavras *mišpāṭ* (justiça) e *ṣəḏāqāh* (retidão). Em Amós 5:24, o profeta disse a famosa frase: "Mas corra o juízo como as águas, e a retidão como um ribeiro perene". Para Amós, Deus claramente deseja justiça socioeconômica, além da retidão piedosa. As duas não são incompatíveis; nem podem ser separadas.

Às vezes, as pessoas contrastam o Antigo e o Novo Testamento, dizendo que o Antigo Testamento trata de justiça e retidão, enquanto o Novo Testamento trata de graça e misericórdia. Mas será mesmo assim? Em alguns aspectos, a exigência de justiça do Novo Testamento é mais forte. Não há melhor exemplo disso do que em Jesus.

Ministério de Jesus Autodefinido

Como você definiria o ministério de Jesus? Ao comparecer diante de pessoas de sua cidade natal, Nazaré, no início de seu ministério, Jesus foi convidado a ler as escrituras hebraicas na sinagoga. Jesus escolheu as seguintes escrituras, com base no relato de Lucas 4:17-21:

> Ele desenrolou o pergaminho e encontrou o lugar onde estava escrito:
> "O Espírito do Senhor está sobre mim,
> porque ele me ungiu
> para levar boas novas aos pobres.
> Ele me enviou para proclamar libertação aos cativos
> e recuperação da visão aos cegos,
> para deixar os oprimidos em liberdade,
> para proclamar o ano da graça do Senhor".
> E, fechando o livro, devolveu-o ao assistente e sentou-se. Os olhos de todos na sinagoga estavam fixos nele. Então, começou a dizer-lhes: "Hoje se cumpriu esta Escritura que acabais de ouvir."

Ao afirmar cumprir as Escrituras, Jesus anunciou a todos que o ouvissem o tipo de ministério que pretendia. Mas não era um ministério espiritualizado! Era um ministério equilibrado que, é claro, envolvia o cuidado com o bem-estar espiritual das pessoas por meio da proclamação das "boas novas". Contudo, Jesus não se limitou a pregar e ensinar; ele queria garantir que os pobres não fossem excluídos das boas novas. Além disso, o ministério de Jesus se estendia aos "cativos... cegos... [e] oprimidos". Se as pessoas mencionadas, e outras como elas, não forem atendidas, os seguidores de Jesus negligenciam a semelhança com Cristo em sua maneira de viver e ministrar.

Jesus continuou a deixar as pessoas perplexas e, em seguida, enfurecidas na sinagoga de sua cidade natal. Em Lucas 4:22, é dito que as pessoas, inicialmente, ficaram "admiradas". Mas Jesus persistiu, falando sobre como os profetas não eram aceitos em sua cidade natal. Os exemplos que Jesus deu incluíam (1) como Elias havia sido aceito apenas por uma mulher de Sidom, que era uma mulher, e não um homem, e também uma estrangeira com uma formação religiosa diferente (1 Reis 17:8-16), e (2) como Eliseu curou apenas Naamã, um sírio, também um estrangeiro com uma formação religiosa diferente (2 Reis 5:1-16). Então, "todos na sinagoga ficaram cheios de raiva" e tentaram matar Jesus (Lucas 4:28-30, especialmente 28). As Escrituras não dizem precisamente por que eles ficaram furiosos, mas certamente Jesus havia transgredido muitas linhas: religiosas, étnicas, culturais, linguísticas e religiosas. Jesus foi frequentemente contracultural em sua vida e ministério, o que é surpreendente, visto que hoje em dia cristãos e igrejas parecem estar mais empenhados em manter o status quo da sociedade do que em viver e ministrar de forma contracultural. Apesar de toda a conversa que alguns cristãos fazem sobre "guerras culturais", a guerra tem mais a ver com a manutenção de seu status privilegiado como cristãos do que com a busca por justiça, direitos civis equitativos e compensação para aqueles que são vítimas em nossa cultura contemporânea.

Justificação implica justiça

Justificação e justiça são complementares nas Escrituras. Não se trata de uma relação de "ou isto ou aquilo", mas sim de "ambos/e". Embora alguns cristãos possam argumentar que questões de justiça são uma distração para a proclamação da justificação, as Escrituras dizem que ambas são importantes para Jesus e para o evangelho. A salvação não termina com a justificação, isto é, com o dom de Deus por meio de Jesus, pelo qual Deus perdoa os pecados das pessoas e agora as trata "como se" fossem santas, por causa da obra expiatória de Jesus em seu favor. Ao contrário, os convertidos também são chamados a ser seguidores de Cristo, tanto em palavras quanto em ações. Esse seguimento de Jesus implica cuidado com aqueles que têm fome, sede, estão malvestidos, são estrangeiros e estão na prisão, bem como cuidado com o bem-estar eterno das pessoas (ver Mateus 25:31-46).

Às vezes, os cristãos têm teologias que dizem que este mundo físico, político e econômico não pode ser salvo; somente Deus pode salvá-lo. Eles podem até dizer que, com base em suas expectativas sobre o chamado "fim dos tempos" (do grego *eschaton*), esperam que o mundo só piore antes de melhorar, e então por que tentar melhorá-lo? Mas e se o mundo piorar? Isso isenta os cristãos de viver e defender a retidão? Da justiça, incluindo a justiça distributiva em favor dos necessitados? De amar o próximo como a si mesmos? Não! O mandamento de amar a Deus e ao próximo como a nós mesmos significa que somos chamados a buscar justiça para os outros, assim como faríamos para nós mesmos. Essa chamada Regra de Ouro implica um tratamento equitativo e justo entre todas as pessoas, e Jesus foi rápido em acrescentar que o amor ao próximo não é apenas para os amigos (comunidade, tribo ou nação), mas para todos, incluindo os inimigos (ver Mateus 5:43-48).

Compaixão e Advocacia

Os cristãos são há muito reconhecidos por seus atos de compaixão para com aqueles que sofrem de pobreza, doenças, falta de moradia e outros desafios físicos. Nesse sentido, eles ministraram aos sintomas do empobrecimento. Mas e quanto às causas do empobrecimento? Parece que não se importam o suficiente com as pessoas se apenas os sintomas do empobrecimento forem tratados, e não também as causas. Isso requer defesa em nome de causas coletivas, sociais e políticas que levam ao tratamento injusto das pessoas. Tais injustiças podem levar à negligência ou marginalização de pessoas vulneráveis, devido à sua origem racial, etnia, gênero, idade, capacidade, idioma, nacionalidade, orientação sexual ou origem religiosa. Os cristãos devem se preocupar com essas chamadas injustiças sociais? Bem, os cristãos nas Escrituras se preocupavam com elas!

Por exemplo, em Atos 6, surgiram queixas entre os membros da igreja primitiva porque as viúvas helenistas estavam sendo negligenciadas na distribuição de alimentos, enquanto as viúvas hebréias eram alimentadas. Provavelmente, todas eram judias, mas as viúvas helenistas pertenciam a uma minoria étnica e possivelmente racial; elas também provavelmente tinham origens linguísticas, culturais e possivelmente nacionais diferentes. Os doze discípulos responderam imediatamente a essa injustiça instituindo diáconos — uma função dentro da igreja dedicada a servir tanto aqueles de fora quanto de dentro da própria comunidade. Geralmente, cristãos e pregadores que ouvi falarem sobre a criação do diaconato como uma supervisão burocrática, mas acho que isso fala profundamente sobre como a igreja primitiva respondeu às injustiças que ocorriam com aqueles que eram diferentes — que eram "outros".

Hoje, cristãos e igrejas devem se tornar mais atentos e ativistas em prol do desafio às injustiças na sociedade atual, local e globalmente, visto que o cristianismo não se limita à família, igreja, tribo ou nação. Afinal, os problemas sociais não se limitam à negligência e à marginalização; eles também podem levar à discriminação, à opressão e à violência. As igrejas podem ser tão culpadas de injustiça quanto os indivíduos. Portanto, os cristãos não devem se conformar com sua tribo socioeconômica e política específica, mas sim ser tão empáticos e ativistas quanto Jesus e os discípulos na igreja primitiva.

Comentários finais

Com muita frequência, tenho ouvido cristãos dizerem que não há tempo, energia e graça divina suficientes para se preocuparem com questões de justiça e injustiça; os cristãos só têm tempo para a justificação, convertendo o máximo possível antes da volta de Jesus. Que cristianismo moralmente orientado para a "graça barata"! Não é de se admirar que não cristãos repreendam recorrentemente os cristãos por sua hipocrisia, exclusividade e discriminação. Mas cristãos espiritualmente reducionistas não representam o Jesus das Escrituras; em vez disso, provavelmente representam mais suas lealdades pessoais, socioeconômicas ou políticas.

Nas Escrituras, justiça e justificação não são uma questão de um ou outro. Jesus se preocupava tanto com a justiça quanto com a justificação. Em relação à justiça, ele cuidava tanto dos pobres quanto dos pobres de espírito. Jesus curou aqueles que sofriam de doenças físicas, bem como de doenças da alma. Jesus ajudou a libertar pessoas da escravidão socioeconômica injusta, bem como da escravidão demoníaca, por exemplo, como quando purificou o templo judaico dos cambistas. Por fim, ele defendeu o tratamento justo daqueles que merecem punição — tanto física (infratores da lei civil) quanto espiritual (infratores da lei de Deus).

Capítulo 19
Variedades da espiritualidade cristã

Durante a década de 1990, meus colegas de seminário e eu lemos juntos uma antologia que continha escritos devocionais de líderes históricos da espiritualidade cristã. Para cada leitura, uma breve biografia era entregue aos autores. Percebi que a maioria deles era solteira ou escrevia seus escritos devocionais antes ou depois do casamento, geralmente por terem ficado viúvos. De acordo com meus cálculos, 93% dos chamados gigantes espirituais eram solteiros e sem filhos pequenos, pois escreviam sobre como os cristãos deveriam dedicar horas diárias à leitura, oração, meditação, contemplação e outras disciplinas espirituais. Mas como eu poderia fazer isso? Além de lecionar em tempo integral, eu era mãe solteira e tinha três filhas menores de dez anos. Minha agenda era incrivelmente cheia, e a perspectiva de reservar várias horas todos os dias para formação espiritual era assustadora, senão impossível.

Mais ou menos na mesma época, comecei a dar aulas de espiritualidade cristã. Embora minhas aulas tivessem uma orientação mais histórica e teológica do que prática, eu adorava o assunto. Apreciei a literatura devocional disponível e aprendi — entre outras coisas — que existe uma variedade de espiritualidades cristãs. Duas em particular me chamaram a atenção. Uma delas era a espiritualidade familiar, que afirmava que, durante os períodos da vida como pais, uma das principais maneiras de se ser espiritual ocorre por meio do cuidado e da nutrição que se oferece aos filhos ou outros dependentes, incluindo aqueles idosos ou cujas habilidades são de alguma forma limitadas. Embora eu ainda orasse, lesse as Escrituras, frequentasse a igreja e participasse de outras disciplinas espirituais, minha principal maneira de sentir proximidade com Deus era por meio do cuidado com minha família.

Um segundo tipo de espiritualidade cristã que me chamou a atenção foi a espiritualidade estudiosa. Os autores que descreveram essa espiritualidade a consideravam principalmente o estudo das Escrituras, mas ela incluía outros tipos de estudo. Esse tipo de espiritualidade estudiosa foi libertador para mim, que passei grande parte da minha vida estudando as Escrituras, a história da igreja, a teologia e outros escritos cristãos. Não é como se eu tivesse deixado de fazer outros tipos de práticas, exercícios ou disciplinas espirituais, mas me ajudou a me concentrar no que eu considerava ser a maneira mais natural de crescer na fé, na esperança e no amor.

Às vezes, os cristãos se sentem espiritualmente derrotados porque tentam viver de acordo com os rigores de uma compreensão particular (e, talvez, limitada) do que significa ser espiritual, santo, perfeito, piedoso ou semelhante a Cristo. No entanto, eles podem desconhecer as diversas maneiras pelas quais as Escrituras falam sobre o florescimento espiritual, e ainda mais maneiras pelas quais os cristãos posteriores desenvolveram como meios de graça, pelos quais acreditam que o Espírito Santo opera em e por meio de suas vidas, santificando-os para uma maior semelhança com Cristo. Neste capítulo, quero falar sobre algumas das muitas maneiras pelas quais os cristãos acreditam que podem ser fiéis, obedientes e crescer na graça, o que, por sua vez, os capacita a ser mais amorosos com Deus e com os outros — espiritual e fisicamente, individual e coletivamente.

Como crescemos espiritualmente?

Assim como a salvação, o crescimento espiritual se deve à graça de Deus, e não a qualquer obra ou mérito dos cristãos. Mas isso não significa que os cristãos não façam nada em prol do seu amadurecimento espiritual. Deus dá às pessoas uma medida de responsabilidade, auxiliada pela graça divina, pela qual elas podem escolher (ou não) associar-se ao Espírito Santo para a formação em direção a uma maior semelhança com Cristo.

Alguns cristãos acreditam que o crescimento espiritual ocorre inteiramente por iniciativa de Deus e que os planos de Deus para sua formação em direção a uma maior semelhança com Cristo são impossíveis de planejar e irresistíveis. Para eles, a maneira como os cristãos falam sobre crescimento espiritual e disciplinas espirituais é um risco muito grande, levando-os a pensar que não são salvos pela graça por meio da fé, como um dom de Deus. Em vez disso, argumentam, os cristãos deveriam dedicar seu tempo a se acostumar com a forma como tanto a salvação quanto o amadurecimento espiritual lhes são concedidos incondicionalmente.

Mas a maioria dos cristãos acredita que o Espírito de Deus opera em e por meio de suas vidas, e que existem meios gerais (ou canais, maneiras) de graça mencionados nas Escrituras pelos quais eles podem se associar a Deus em sua formação espiritual. Os meios de graça dos quais estou falando não são específicos de uma tradição religiosa específica (como os sacramentos no catolicismo). Em vez disso, estou falando de uma variedade de práticas, exercícios ou disciplinas espirituais mencionados na Bíblia que podem ser úteis para o desenvolvimento da espiritualidade pessoal, independentemente da sua denominação cristã específica. Esses meios de graça representam maneiras pelas quais os cristãos "plantaram" e "regaram" para o "aumento" espiritual que Deus provê (1 Coríntios 3:6).

Exemplos de Formação Espiritual

Permitam-me começar fazendo alguns comentários gerais sobre os tipos de práticas, exercícios e disciplinas espirituais que os cristãos seguem em prol de sua formação à semelhança de Cristo. Não há consenso entre os cristãos sobre a melhor maneira de viver para se associarem ao Espírito Santo de Deus em sua formação espiritual. Mas sempre gostei da analogia direcional, usada pelos cristãos, que fala sobre como tais práticas auxiliam no relacionamento ascendente das pessoas com Deus, no relacionamento interior consigo mesmas e no relacionamento exterior com os outros. Essas orientações têm sido refletidas nos escritos devocionais dos cristãos há séculos.

Dallas Willard falou bastante sobre disciplinas espirituais e forneceu uma tipologia útil delas. Willard distinguiu entre disciplinas espirituais de abstinência e disciplinas espirituais de engajamento. As disciplinas espirituais de abstinência incluem o seguinte: solidão, silêncio, meditação, contemplação, jejum, frugalidade, castidade, sigilo (ou discrição) e sacrifício. As disciplinas espirituais de engajamento incluem o seguinte: estudo, adoração, celebração, serviço, oração, comunhão, confissão e submissão. Na minha experiência, os cristãos no Ocidente são muito mais atraídos pelas disciplinas de engajamento, pois gostam de saber o que "mais" devem fazer para cooperar com o Espírito Santo de Deus — mais atividade, por exemplo, em prol da oração e do estudo. No entanto, o que os cristãos às vezes precisam não é mais, mas "menos" —

menos atividade, por exemplo, em prol da solidão e do silêncio. Eles podem precisar diminuir a correria de suas vidas e passar mais tempo menos ocupados, na solidão e no silêncio, se quiserem experimentar maior intimidade (ou comunhão) com Deus.

O número de práticas espirituais, exercícios e disciplinas é ilimitado. Há práticas espirituais explicitamente descritas nas Escrituras e há práticas espirituais inspiradas pelas Escrituras que os cristãos praticam há séculos. Hoje, os cristãos estão criando novos meios de graça para crescer espiritualmente. Por exemplo, Adele Ahlberg Calhoun fala criativamente sobre dezenas de disciplinas espirituais — antigas e novas — que ela agrupa em sete categorias: (1) Adoração, (2) Abrir-me a Deus, (3) Abandonar o falso eu, (4) Compartilhar minha vida com os outros, (5) Ouvir as palavras de Deus, (6) Encarnar a vida de Cristo e (7) Orar. As disciplinas espirituais tradicionais que ela discute incluem a Regra para a Vida, o Exame, a Iconografia, a Peregrinação e a *Lectio Divina*. A Regra para a Vida tem a ver com o desenvolvimento de hábitos ou rotinas de práticas espirituais. O Exame tem a ver com o discernimento diário do papel de Deus nas atividades da vida de alguém. Iconografia envolve a visualização de imagens de santos cristãos e personagens bíblicos para auxiliar na adoração a Deus. Peregrinação envolve a visita a locais sagrados para promover a atenção orante a Deus. *Lectio Divina* (lat., "leitura devocional") envolve ouvir a voz de Deus enquanto se lê meditativamente as Escrituras.

Calhoun discute muitos tipos de oração cristã. *A oração* tem a ver com falar com Deus, falar com Deus e ouvir a Deus. Pode ocorrer individual ou coletivamente, falada ou silenciosa, litúrgica ou extemporânea, ajoelhada ou com as mãos levantadas. Aqui estão alguns tipos bem conhecidos de oração: Adoração, Confissão, Súplica (ou Intercessão) e Ação de Graças. Adoração tem a ver com dar louvor e gratidão por quem Deus é. Confissão tem a ver com confessar com tristeza nossas faltas e fraquezas a Deus, que nos perdoa. Súplica tem a ver com suplicar a Deus em favor de nossas preocupações e inquietações, o que inclui interceder em oração pelas necessidades dos outros. Ação de Graças tem a ver com agradecer a Deus, o que inclui gratidão por nossa salvação e pelas maneiras diárias com que Deus nos ajuda.

Calhoun também discute orações que podem não ser tão familiares para as pessoas, incluindo cristãos. Elas incluem a Oração da Respiração, a Oração de Centramento, a Oração de Hora Fixa, a Oração do Labirinto, a Oração Litúrgica e a Oração de Recolhimento. A Oração da Respiração é uma forma de oração contemplativa que envolve orar enquanto inspiramos e orar enquanto expiramos. A Oração de Centramento também é uma forma de oração contemplativa que ajuda a pessoa a se concentrar na presença de Jesus Cristo. A Oração de Hora Fixa envolve horários predeterminados de oração ao longo do dia; algumas tradições eclesiásticas seguem uma Liturgia das Horas fixa. A Oração do Labirinto envolve seguir um caminho simples e marcado que auxilia na contemplação de Deus. A Oração Litúrgica envolve uma oração escrita ou memorizada, usada para devoção pública ou privada. A Oração de Recolhimento envolve recordar a presença de Deus na agitação da vida cotidiana e, assim, descansar em Deus. Em suma, existem muitas maneiras de orar, e não há limites para a forma como alguém encontra Deus em oração.

Assim como há muitas maneiras de orar, há muitas maneiras pelas quais os cristãos passam por formação espiritual. A oração representa, talvez, a maneira mais comum pela qual buscam intimidade com Deus, crescimento na semelhança com Cristo e expressam amor a Deus e aos outros de maneiras tangíveis, justas e redentoras. Lembre-se de que Deus faz com que a formação espiritual ocorra. Portanto, não há limites para as maneiras pelas quais a formação espiritual ocorre.

Tradições da Espiritualidade Cristã

Ao longo do tempo, diferentes igrejas enfatizaram diferentes tipos de espiritualidade. Pode-se dizer que cada igreja ou denominação tem sua espiritualidade única, assim como os humanos têm personalidades únicas. Você pode reconhecer algumas dessas tradições em sua própria experiência, ou pelo menos ter tido contato com elas.

Em primeiro lugar, as igrejas evangélicas enfatizam a evangelização, a plantação de igrejas e as missões. Seu modelo espiritual é o apóstolo Paulo, e consideram a Grande Comissão (Mateus 28:16-20) o padrão de como os cristãos devem ser espirituais, ou seja, proclamando o evangelho aos outros em palavras e ações.

Em segundo lugar, as igrejas sacramentais enfatizam o papel dos sacramentos como meios especiais da graça de Deus. Elas "celebram" (ou, em outras palavras, praticam) o desenvolvimento de ritos e rituais pelos cristãos do primeiro século no livro de Atos, especialmente os sacramentos do Batismo e da Eucaristia (ou Comunhão). Para a formação espiritual e o ministério, elas incentivam o culto público, a liturgia e outras práticas cerimoniais desenvolvidas nas epístolas e nas igrejas históricas — Oriente e Ocidente, Norte e Sul.

Em terceiro lugar, as igrejas contemplativas enfatizam as disciplinas espirituais, especialmente aquelas que praticam a solidão, o silêncio e outros exercícios que levam à piedade, por exemplo, a crença ortodoxa na *theosis* (grego: 'deificação'). Nessa tradição, os cristãos podem utilizar uma oração curta e repetitiva, como a Oração de Jesus: 'Senhor Jesus Cristo, Filho de Deus, tem misericórdia de mim, um pecador '. Eles também podem utilizar as três formas de formação espiritual (1) purgativa, (2) iluminativa e (3) unitiva. A purgação tem a ver com a purificação dos cuidados e obrigações deste mundo em prol da contemplação de Deus. A iluminação tem a ver com a percepção divina que Deus concede aos contemplativos. A união tem a ver com a comunhão íntima com Deus, considerada o relacionamento supremo que alguém pode ter com Deus nesta vida.

Em quarto lugar, igrejas estudiosas enfatizam o estudo, a compreensão e a aplicação das Escrituras. Elas promovem a educação cristã, a memorização das Escrituras e o desenvolvimento de literatura cristã de qualidade. Além de materiais de estudo bíblico e teológico, outros tipos de literatura cristã são produzidos, incluindo romances, poesia, música e outras formas de arte.

Em quinto lugar, as igrejas de santidade enfatizam o fruto do Espírito Santo de Deus e como o discipulado é essencial para a vida cristã. Frequentemente, a prestação de contas é enfatizada em reuniões regulares de pequenos grupos, sejam elas aos domingos de manhã ou no meio da semana, projetadas para as necessidades específicas dos participantes. Esses grupos também ajudam a organizar ministérios eficazes para as pessoas, dentro e fora das igrejas.

Em sexto lugar, igrejas ativistas enfatizam a compaixão e a defesa dos pobres, famintos, desabrigados, presos ou outros que possam ser tratados injustamente na sociedade. Elas podem se tornar ativistas de diversas maneiras, como Jesus purificando o templo, a fim de evitar que pessoas sejam negligenciadas ou marginalizadas, oprimidas ou perseguidas, feridas violentamente ou mortas.

Em sétimo lugar, as igrejas carismáticas enfatizam como Deus usa os dons espirituais para ajudar os cristãos a manifestarem todo o seu potencial. Os dons espirituais também fortalecem o ministério para pessoas dentro e fora das igrejas. As igrejas pentecostais cresceram dramaticamente, e todas as igrejas foram influenciadas por sua ênfase na presença e no poder do Espírito Santo em ação hoje.

Outras tradições espirituais poderiam ser mencionadas: ecumênica, voltada para a família e ambiental. Pode ser que não haja fim para as tradições espirituais que podem se desenvolver, mas as igrejas mencionadas representam algumas das maneiras antigas pelas quais os cristãos têm compreendido a natureza da espiritualidade, o crescimento pessoal e o ministério eficaz.

Como se decide?

As igrejas podem não se assemelhar a apenas uma tradição de espiritualidade cristã. Em vez disso, podem representar duas ou mais ênfases, ou uma ênfase pode ser primária e outras secundárias. Na minha opinião, o importante é lembrar que todas essas tradições de espiritualidade cristã têm precedência bíblica e, portanto, podem ser utilizadas com confiança.

É direito e privilégio das igrejas decidir por si mesmas, em resposta à orientação de Deus, quais práticas espirituais e ministérios enfatizarão. No entanto, surgem problemas quando as igrejas menosprezam e possivelmente denunciam outras tradições, principalmente porque diferem da sua própria tradição. Embora as igrejas possam preferir algumas tradições a outras, é biblicamente ingênuo e preconceituoso quando parecem dedicar mais tempo criticando outros cristãos, em vez de promover sua própria compreensão da espiritualidade e do ministério. Infelizmente, os cristãos às vezes são mais conhecidos por quem odeiam do que por quem amam.

Perfeição Cristã

Deus espera que as pessoas se tornem perfeitas? Essa questão paira no ar sempre que falamos sobre crescimento espiritual. Os cristãos têm divergido ao longo dos séculos em relação a algumas das exortações dramáticas feitas nas Escrituras. Por exemplo, no Sermão da Montanha, Jesus disse: "Sede, pois, perfeitos como o vosso Pai celestial é perfeito" (Mateus 5:48). À primeira vista, essa exortação parece impossível. Consequentemente, alguns cristãos a veem mais como uma meta do que como um estado alcançável, ou como se referindo a uma vida futura, em vez da presente. Outros cristãos, no entanto, levam a exortação de Jesus muito a sério, acreditando que a graça de Deus é mais poderosa do que o poder do pecado, ou mesmo de Satanás.

Historicamente, a maioria dos cristãos tem sido esperançosa em relação a como podem e, de fato, devem crescer espiritualmente, rumo a uma maior semelhança com Cristo. Afinal, a que um Deus perfeito levaria os convertidos, senão à perfeição? Assim, na história da igreja, os cristãos têm falado sobre santos, deificação, visão beatífica, união mística, inteira santificação, perfeição cristã e assim por diante. Esses termos soam intimidadores, especialmente para aqueles de nós que estão muito aquém da perfeição! No entanto, os cristãos sempre tiveram esperança de que — pela graça de Deus — possamos crescer na semelhança com Cristo. Podemos crescer na fé, na esperança e no amor. Alguns termos que os cristãos usam parecem fantásticos e inatingíveis, e ainda assim eles acreditam que a graça de Deus dá esperança para nos tornarmos mais perfeitamente amorosos com Deus, com os outros e até consigo mesmos.

Por essas razões, a esperança representa uma virtude cristã, juntamente com a fé e o amor. Os cristãos têm a esperança de nunca estarem sozinhos. Os efeitos do pecado nunca são maiores que a graça divina, e por isso eles têm esperança de superar aquilo que os testa, pessoal e socialmente, espiritual e fisicamente. A graça de Deus não se estende apenas a questões espirituais particulares. Pelo contrário, os cristãos acreditam que Deus é maior do que tudo o que os aflige, pois se unem ao Espírito Santo de Deus para superar os desafios da vida.

Comentários finais

Fui muito encorajado a descobrir as variedades da espiritualidade cristã. Isso não foi uma desculpa para ser espiritualmente indiferente, escolhendo apenas as práticas, exercícios ou disciplinas espirituais mais fáceis. Pelo contrário, aprender sobre espiritualidade familiar e acadêmica foi libertador para mim pessoalmente. Isso me ajudou a me destacar na maneira como demonstrei meu amor aos outros por meio das minhas principais maneiras de crescer espiritualmente e de ministrar aos outros, incluindo meus filhos e alunos.

Sabendo que existem tantas maneiras pelas quais os cristãos, historicamente e hoje, vivem e promovem a formação espiritual, encorajo as pessoas a experimentarem. Aprendam sobre outras tradições da espiritualidade cristã e, quem sabe, experimentem uma ou mais práticas, exercícios ou disciplinas espirituais. Vocês não precisam praticar todos eles, é claro! Isso seria impraticável e talvez imoderado. No entanto, com a inspiração do Espírito Santo, vocês encontrarão novas maneiras de serem espirituais, de crescerem e de ministrarem, que sejam agradáveis a Deus e gratificantes para vocês.

Capítulo 20
Nenhuma santidade, mas santidade social

Quando eu estava no último ano do ensino médio, minha tia Naomi perguntou se eu participava de um pequeno grupo de estudo bíblico. Eu disse que não, e também que não sabia que tais grupos existiam. Ela me incentivou a me reunir com alguns amigos, o que eu fiz. Foi uma mudança de vida! Embora nenhum de nós fosse muito versado em Bíblia, aprendemos e crescemos juntos de muitas maneiras — como amigos e como cristãos. Foi o primeiro de muitos pequenos grupos com os quais me envolvi na vida, e eles foram algumas das experiências mais influentes que tive no meu crescimento espiritual e como pessoa.

John Wesley disse certa vez que "não existe santidade, mas sim santidade social ". Embora também estivesse envolvido em ativismo social, a declaração de Wesley tinha a ver com a melhor forma de a vida cristã e a formação espiritual ocorrerem em comunidade com outras pessoas. Além da frequência à igreja, Wesley coordenava uma rede eficaz de encontros cristãos durante a semana (chamados de Sociedades Metodistas), reuniões de classe (com grupos de homens e mulheres que se reuniam separadamente) e pequenos grupos de indivíduos dedicados a se responsabilizarem mutuamente — espiritual, moral e a serviço do próximo.

Desde o primeiro século, as igrejas tornaram-se o principal local de encontro dos cristãos, embora as reuniões fossem informais, realizadas nas casas das pessoas ou em locais públicos seguros, a fim de evitar possíveis perseguições. Com o tempo, as igrejas cresceram, desenvolveram estruturas institucionais e expandiram as crenças, os valores e as práticas cristãs. Embora se possa ansiar romanticamente por emular a vida na igreja primitiva, é impossível fazê-lo, dados os diferentes contextos socioculturais em que vivemos hoje. De fato, os cristãos contemporâneos que afirmam imitar a igreja do primeiro século, afirmando ser "cristãos bíblicos", têm uma visão acrítica dos ensinamentos bíblicos e são ingênuos em relação à história da igreja. Muito do que os cristãos hoje afirmam está inextricavelmente ligado a séculos de tradições da igreja, formulações doutrinárias e práticas litúrgicas. O próprio cânon das Escrituras é um produto da tomada de decisões da igreja, dependente da autoridade da liderança e da tradição da igreja.

Portanto, ao falar sobre "nenhuma santidade, mas santidade social", quero começar falando sobre a igreja. Embora seja impossível apresentar uma história de seu desenvolvimento, posso me concentrar em alguns conceitos-chave que surgiram entre os cristãos para enfatizar a importância da igreja em representar Jesus e seu evangelho ao mundo. Em conjunto, a igreja se refere a todos os cristãos e, portanto, seu testemunho — bom ou ruim — é o testemunho de todos os cristãos, em suas diversas manifestações, passadas e presentes, próximas e distantes.

Desenvolvimento da Igreja

As Escrituras falam da igreja (grego: *ekklesia*) como os seguidores coletivos de Jesus e do seu evangelho. Não está claro se Jesus pretendia que a igreja se separasse do judaísmo ou se ela serviria como um movimento de renovação dentro do judaísmo. Quaisquer que fossem as intenções de Jesus em relação à religião institucional, é claro que Jesus desejava que as pessoas se reunissem em comunidade. Como Jesus diz no Evangelho de Mateus: "Pois onde dois ou três estiverem reunidos em meu nome, aí estou eu no meio deles" (Mateus 18:20). A igreja surgiu como o lugar onde os cristãos se reúnem semanalmente, dedicando-se à instrução dos apóstolos, à comunhão, ao partir do pão (uma alusão às primeiras práticas sacramentais), à oração, ao louvor e à distribuição equitativa de suas finanças aos necessitados (ver Atos 242-47). Com o tempo, igrejas e grupos de igrejas se organizaram, conforme necessário, embora não tenha surgido consenso quanto a detalhes específicos sobre a estrutura administrativa. Embora igrejas (e denominações posteriores) recorram às Escrituras para formular sua autoidentidade, as igrejas se desenvolveram de forma distinta em diferentes lugares e épocas, e continuam a fazê-lo hoje.

Uma grande transformação das igrejas ocorreu no século IV, depois que o Imperador Constantino legalizou o cristianismo. Logo depois, o cristianismo tornou-se a religião dominante no Império Romano. Isso teve efeitos positivos e negativos. Do lado positivo, os cristãos puderam desenvolver publicamente a igreja, incluindo suas doutrinas e práticas ministeriais, deixando de ser párias sociais. Do lado negativo, a igreja cresceu exponencialmente em tamanho, prestígio e poder, o que era bem diferente da reunião de fiéis, às vezes perseguida, que era anteriormente. O debate continua a respeito dos efeitos duradouros sobre o domínio religioso da igreja, pelo menos na civilização ocidental. Seu domínio causou tanta, ou mais, dor e sofrimento do que aliviou a dor e o sofrimento? Gosto de pensar que causou mais cura do que dano. No entanto, se os cristãos desconhecem (ou negam) o dano potencial que as igrejas causam, então estão condenados a prejudicar mais pessoas do que curá-las. Os cristãos ocidentais têm sido especialmente ignorantes, com muita frequência, ignorando intencionalmente a devastação espiritual, sociocultural, política, econômica e militar que as igrejas causaram nos países do Leste e do Sul. Na Idade Média, a igreja tornou-se um império, muito semelhante ao Império Romano, que os primeiros cristãos temiam mais do que qualquer outra coisa. Sim, o evangelho foi proclamado, mas os cristãos precisam ter maior consciência, empatia e justiça na forma como tratam aqueles que estão fora de sua tribo, igreja e país.

Marcas da Igreja

Credos antigos descreviam a igreja, ou a verdadeira igreja, como tendo quatro marcas. Por exemplo, você pode ou não estar familiarizado com as palavras do Credo Niceno: "cremos em uma só igreja, santa, católica e apostólica". Una, santa, católica (ou universal) e apostólica — o que essas quatro marcas significam? Primeiro, sob o senhorio de Jesus, há uma só igreja. Segundo, aqueles que fazem parte dela são santos, não por sua própria santidade, mas por causa da santidade de Jesus que lhes foi concedida. Terceiro, a igreja é católica, ou universal, no sentido de que se destina a todas as pessoas, independentemente de raça, etnia, gênero, classe, idioma, nacionalidade, orientação sexual ou afiliação religiosa anterior. Quarto, a igreja é considerada apostólica — isto é, seguindo a tradição dos primeiros apóstolos, ou seguidores, de Jesus.

O termo apostólico tornou-se problemático para os cristãos subsequentes por algumas razões. Primeiro, quando a Igreja Católica Romana e as Igrejas Ortodoxas se separaram no século XI, ambas alegaram ter a única sucessão ininterrupta de autoridade eclesiástica derivada dos primeiros apóstolos, transmitida pela imposição de mãos sempre que um bispo, padre ou diácono era ordenado.

Segundo, quando a Igreja Católica Romana e os protestantes se separaram no século XVI. Os protestantes alegavam que a única sucessão verdadeira dizia respeito à fidelidade aos *ensinamentos* dos primeiros apóstolos, e não a uma ordenação sucessiva de bispos e papas. Em outras palavras, os protestantes veem a igreja como apostólica em termos de um ensinamento contínuo, e não de uma linha contínua de líderes.

Os protestantes não estabeleceram "marcas" formais da Igreja, mas duas características tornaram-se representativas da Reforma. A primeira foi a correta administração dos sacramentos das Igrejas, visto que os protestantes consideravam que as práticas católicas romanas se distanciavam dos ensinamentos bíblicos, confiando demais nos ritos e rituais dos sacramentos da Igreja, em vez da fé. A segunda foi a proclamação das Escrituras por meio da pregação, especialmente em línguas vernáculas que os leigos pudessem entender (notavelmente, a pregação e a missa nas Igrejas Católicas Romanas da época eram feitas inteiramente em latim). Em ambos os casos, a autoridade religiosa foi depositada principalmente nos ensinamentos das Escrituras, em vez de nos séculos de ensinamentos papais e magisteriais da Igreja Católica Romana.

Sacramentos: Meios Específicos de Graça

Uma das maiores diferenças entre as igrejas Católica Romana e Protestante é o papel dos Sacramentos. Os Sacramentos são frequentemente descritos como sinais exteriores e visíveis da graça divina interior e espiritual, acompanhados por ritos e rituais que se desenvolveram ao longo da história da Igreja. Os sacramentos são considerados meios especiais ou específicos de graça, em contraste com os meios gerais de graça discutidos anteriormente (por exemplo: oração, adoração). Os católicos identificam sete sacramentos: Batismo, Confirmação, Eucaristia, Reconciliação, Unção dos Enfermos, Ordenação e Matrimônio. Os cristãos ortodoxos geralmente aceitam esses sacramentos, chamando-os de "santos mistérios ". Aqueles que participam dos sacramentos recebem a graça divina *ex opera operato* (lat., "do trabalho realizado"), que produz bênçãos temporais e eternas.

Os protestantes rejeitavam o sacramentalismo católico, considerando que este dava demasiada ênfase ao papel mediador da Igreja, dos sacerdotes e dos sacramentos, em detrimento da fé individual. Em vez disso, a maioria dos protestantes acreditava que os sacramentos eram mais um sinal (ou símbolo) da graça divina, e que a fé das pessoas deveria ser enfatizada, em vez dos ritos e rituais realizados. Os protestantes tendiam a reconhecer apenas os dois sacramentos: Batismo e Eucaristia (ou Comunhão, Ceia do Senhor), acreditando que representavam as únicas práticas religiosas claramente instituídas por Jesus.

Independentemente da visão particular que os cristãos tenham sobre os sacramentos, todos acreditam que Deus continua a agir em suas vidas. Os sacramentos servem como meios importantes para lembrar como Deus agiu pela salvação no passado, por meio da vida, morte e ressurreição de Jesus, e como Deus continua a agir para assegurar, encorajar e fortalecer os cristãos. Os sacramentos representam um meio vital pelo qual o Espírito Santo de Deus atua em e por meio daqueles que creem, mas não são o único.

Como entendemos os sacramentos hoje? Os cristãos podem entrar em discussões sobre os sacramentos — existem sete sacramentos, como na Igreja Católica Romana? Ou existem dois, como nas Igrejas Protestantes? Em vez de nos prendermos a esses argumentos numéricos, é útil retornar à definição de sacramento mencionada no início desta seção: "sinais exteriores e visíveis da graça divina interior e espiritual". O objetivo dos sacramentos é sempre apontar para a graça de Deus. A graça de Deus é a coisa mais importante, quer as igrejas pratiquem sete sacramentos, dois sacramentos ou rejeitem completamente o uso da palavra "sacramento".

Relações Ecumênicas e Inter-religiosas

As igrejas são frequentemente conhecidas mais por suas tendências cismáticas de divisão do que por trabalharem pela unidade. Isso é uma vergonha, visto que Jesus esperava que seus discípulos permanecessem unidos. Em João 17:11, Jesus orou: "E agora eu não estou mais no mundo, mas eles estão no mundo, e eu vou para ti. Pai Santo, guarda-os em teu nome, o qual me deste, para que eles sejam um, assim como nós somos um." Líderes da igreja como Willem Visser't Hooft têm falado sobre pelo menos três maneiras pelas quais os cristãos podem se unificar: 1) fusão de igrejas; 2) acordo doutrinário; e 3) cooperação no ministério. Desde a virada do século XX, mais ênfase tem sido dada ao ecumenismo (do grego *oikonomía*, 'administrar uma casa'), isto é, maneiras para os cristãos se tornarem mais unidos. Algumas igrejas se fundiram e alguns acordos doutrinários se desenvolveram, recebendo amplo endosso, por exemplo, o Pacto de Lausanne e o Documento de Lima. O Pacto de Lausanne foi adotado pelo Primeiro Congresso Internacional sobre Evangelização Mundial em 1974, e o Documento de Lima, também conhecido como "Batismo, Eucaristia e Ministério" (BEM), foi adotado pelo Conselho Mundial de Igrejas em 1982.

A maior parte da atividade ecumênica tem ocorrido por meio da cooperação no ministério, seja ela mais focada em ética social (por exemplo, Conselho Mundial de Igrejas, Conselho Nacional de Igrejas) ou em evangelização e missões (por exemplo, Aliança Evangélica Mundial, Associação Nacional de Evangélicos). São começos modestos, mas eu incentivo cristãos e igrejas a se concentrarem mais no que os une do que no que os separa, especialmente em prol da cooperação no ministério.

À medida que o mundo se torna menor, por assim dizer, cresce a preocupação sobre como se relacionar com pessoas de outras crenças, de outras religiões. Historicamente, a ênfase era colocada na evangelização, mais do que em qualquer outra coisa. Mas existem outras maneiras pelas quais os cristãos devem se relacionar com pessoas de outras religiões? Ao amar o próximo como a si mesmo, cabe aos cristãos conhecer seus semelhantes, compreender e apreciar suas diferenças, mesmo que não sejam persuadidos por elas. Conversar com pessoas de diferentes crenças pode até ser visto como uma prática espiritual, que leva os fiéis a uma reflexão mais profunda sobre seu conhecimento e compreensão de Deus.

Além disso, pessoas de todas as tradições religiosas fariam bem em defender a liberdade religiosa, rejeitando a violência contra pessoas de qualquer fé, independentemente de onde vivam no mundo, e em promover a justiça e o cuidado com os pobres, valores com os quais todas as religiões concordam. Se a evangelização ocorrer, de uma forma ou de outra, que assim seja. No entanto, as relações com outras religiões não devem patrocinar métodos manipulativos de evangelização, políticas opressivas, práticas terroristas ou subjugação militarista.

Comentários finais

Se você deseja crescer espiritualmente, e especialmente se não tem certeza de como fazê-lo, considere reunir-se com pessoas que pensam como você, seja em uma igreja, em um pequeno grupo ou individualmente com uma pessoa de confiança em quem você confia como amigo e apoio espiritual. Da mesma forma, se você deseja que seu testemunho tenha um impacto maior no mundo — espiritual e fisicamente, individual e coletivamente —, seria conveniente encontrar comunidades cristãs nas quais você possa se organizar e aprimorar sua eficácia.

Embora existam muitos lugares que você possa escolher para ir, frequentar uma igreja é um ótimo ponto de partida! Frequente uma que você goste, não importa quais sejam os motivos que a tornam atraente para você. Igrejas não estão fora de moda, nem são irrelevantes; elas são o povo de Deus para a missão de Deus no mundo. As Escrituras sugerem que simplesmente comparecer à igreja, por assim dizer, serve como um meio de graça pelo qual você, assim como outros, pode crescer em fé, esperança e amor, além de receber outros benefícios que Deus deseja que você tenha.

Capítulo 21
Sacerdócio dos Crentes

Quando eu era criança, não sabia que alguma igreja cristã proibia mulheres de ocupar cargos de liderança. Minha igreja sempre teve mulheres oradoras, evangelistas e missionárias discursando. Aliás, minha tia Naomi se tornou ministra ordenada na denominação da minha igreja e foi um modelo para mim, tanto na prática cristã quanto na pregação. Sempre fui encorajada por seu conhecimento das Escrituras e seus sermões apaixonados.

Depois de sair de casa para cursar a faculdade, comecei a frequentar uma grande igreja não denominacional. Em certo momento, notei que o pastor estava ao lado de uma mulher no púlpito enquanto ela compartilhava longamente sobre um programa ministerial. Depois do culto, perguntei a alguém por que o pastor estava ali, já que devia ser cansativo para ele ficar ao lado da mulher, já que ele não contribuía em nada para o compartilhamento dela. Fui informada de que as mulheres não podiam ficar sozinhas no púlpito e falar à congregação na presença de homens. Aprendi sobre as políticas da igreja sobre como os homens devem exercer liderança no lar, na igreja e na sociedade, e sobre como as mulheres devem ser subservientes.

Como eu nunca havia questionado a legitimidade das mulheres na liderança, comecei a estudar as Escrituras por conta própria e, ao longo dos anos, li alguns livros cristãos sobre o assunto. Não era um tema fácil de estudar, mas as evidências bíblicas e outras me convenceram de que a liderança entre homens e mulheres é compartilhada, e não limitada. Isso inclui liderança no casamento, na igreja e na sociedade. É claro que a igreja da minha juventude era melhor na teoria do que na prática no que diz respeito ao empoderamento feminino. Depois que minha tia Naomi se aposentou de mais de um quarto de século de trabalho missionário nas Filipinas, ela não conseguiu encontrar uma colocação pastoral ao retornar aos Estados Unidos. Por fim, tia Naomi teve que fundar uma igreja para continuar no ministério de tempo integral, no qual serviu até sua aposentadoria.

Há muitas maneiras pelas quais as igrejas ministram, e há muitas maneiras pelas quais os cristãos servem nesses ministérios. Vejamos algumas das maneiras pelas quais elas ministraram, principalmente a serviço de Deus e do próximo, embora nem as igrejas nem os cristãos sejam perfeitos. Ainda não! Mas há trajetórias observáveis sobre o ministério na história da igreja. Portanto, é bom analisarmos alguns de seus desenvolvimentos.

Desenvolvimentos no Ministério da Igreja
A igreja do primeiro século era liderada pelos doze discípulos de Jesus e outros apóstolos, como Paulo. Gradualmente, diáconos foram adicionados para cumprir um ministério mais amplo entre os membros da igreja e para a comunidade. À medida que um número crescente de gentios se convertia ao cristianismo, tornou-se necessário que concílios e anciãos representassem a igreja (por exemplo, Atos 15). Com o tempo, anciãos e bispos, que supervisionavam igrejas em áreas geográficas mais amplas, serviram como os principais líderes nas igrejas em crescimento.

Nos séculos seguintes, não foi possível para as igrejas organizar ministérios expansivos, devido à perseguição recorrente, juntamente com outros desafios da vida no mundo antigo (por exemplo, comunicação, transporte). Os anciãos representavam congregações locais, enquanto os bispos supervisionavam áreas cada vez maiores. Mas o ministério era exercido tanto ou mais pelos leigos — a maioria dos cristãos não ordenados — que influenciavam a família, os amigos e aqueles com quem trabalhavam. Depois que Constantino mudou o status das igrejas no século IV, e eventualmente os cristãos se tornaram a religião dominante da sociedade ocidental, em vez de um grupo minoritário, o ministério passou a ser exercido cada vez mais por clérigos ordenados, em vez de leigos.

Todos são ministros
Na época da Reforma, protestantes como Lutero queriam devolver o ministério mais aos leigos, argumentando que todos são ministros. 1 Pedro 1:9 descreve a igreja — todos os verdadeiros crentes — como "raça eleita, sacerdócio real, nação santa, povo de propriedade exclusiva de Deus, para que anuncieis as grandezas daquele que vos chamou das trevas para a sua maravilhosa luz".

Lutero disse que todos os cristãos são chamados a ministrar e exortou os membros da igreja a contribuírem no ministério para as pessoas, tanto dentro quanto fora da igreja. Os cristãos podem ser chamados para muitas vocações, embora não necessariamente para a liderança da igreja. Por exemplo, os cristãos podem ser chamados para a vocação de empresário, operário, dona de casa ou algum outro trabalho não diretamente relacionado às igrejas. Lutero ainda acreditava que certos cristãos eram chamados por Deus para cargos ministeriais formais ou de tempo integral, aos quais ele se referia como o ofício do ministério pastoral. Mas esses líderes pastorais precisavam capacitar os leigos para o ministério, bem como para ministrarem eles próprios.

Algumas igrejas protestantes, conhecidas como tradições de "igreja baixa", tendem a dar mais ênfase à natureza congregacional da organização e liderança da igreja, convocando e ordenando seus próprios pastores. O termo "congregacional" sugere que cada congregação da igreja é um grupo independente e auto-organizado de pessoas. Os cultos tendem a ser simples, incluindo um foco na pregação e no ensino bíblico, juntamente com música e canto. Em contraste, as chamadas tradições de "igreja alta" tendem a dar mais ênfase às práticas formais de ordenação, uma estrutura eclesiástica altamente organizada e uma liturgia rica. Os cultos tendem a ser mais elaborados, possivelmente com procissões, paramentos (ou seja, vestimentas específicas da igreja, algumas delas muito formais) e orações prescritas, além de pregação e ensino bíblico, juntamente com música e canto.

Uma maneira de analisar a diferença entre o cristianismo de "igreja baixa" e o de "igreja alta" é pensar no clímax do culto. Em igrejas mais baixas, o clímax é o sermão, que geralmente dura trinta minutos ou mais. Em igrejas altas, por outro lado, podem ter sermões de apenas cerca de dez minutos. O clímax dos cultos de igrejas altas não é o sermão, mas sim o ritual, mais frequentemente a eucaristia (também conhecida como comunhão ou missa). Em igrejas baixas, por outro lado, a comunhão pode ocorrer apenas uma vez por mês ou uma vez por trimestre. Um pequeno número de igrejas protestantes não possui ministros ordenados, contando com a liderança leiga para administrar a vida da igreja, os cultos e o ministério.

Ao longo dos séculos, igrejas em todo o mundo têm enfatizado cada vez mais que o ministério precisa ser exercido por todos os cristãos, e não apenas por alguns poucos selecionados, chamados para o ministério em tempo integral. Certamente, é preciso haver líderes, mas esses líderes devem capacitar outros a ministrar onde vivem, entre familiares, amigos, colegas de trabalho e muito mais.

Variedade de Ministérios Cristãos

Às vezes, o ministério é descrito como *missio Dei* (latim: "missão de Deus"). No entanto, Deus é inteiramente responsável pela realização do ministério, ou Ele também convoca os fiéis para ministrar? Certamente, é Deus quem, em última análise, proporciona o crescimento, o crescimento e o sucesso de cada ministério. Mas a *missio Dei,* além disso, Implica o envio de cristãos para o ministério em prol dos outros. Que tipo de ministério ou ministérios eles devem exercer?

Assim como os cristãos enfatizaram uma variedade de entendimentos sobre a espiritualidade cristã, eles também enfatizaram uma variedade de entendimentos sobre o ministério. Isso significa que os cristãos estão divididos, alienados e sem esperança? Embora possamos ser tentados a dizer que essas descrições são pertinentes, elas não são. Alguns cismas eclesiásticos foram de fato causados por razões pecaminosas; talvez até demais. Mas algumas diferenças entre as igrejas são sensatas, incluindo suas ênfases ministeriais. O apóstolo Paulo descreve a igreja como um corpo, com muitas partes, todas as quais refletem funções diferentes, e ainda assim são importantes para toda a vida e ministério da igreja (ver Romanos 12:3-8).

Algumas diferenças entre igrejas refletem razões multiculturais, multirraciais, multilíngues e multinacionais. H. Richard Niebuhr escreveu *On Soocial Sources of Denominationalism*. Embora se possa discordar de todas as suas conclusões, Niebuhr apontou perspicazmente como fatores sociais influenciam as igrejas. Fatores sociais contribuem para a nossa compreensão de como as igrejas são formadas, crescem, declinam, se dividem e se unem. Portanto, os cristãos fariam bem em se concentrar em fatores sociais, bem como em fatores espirituais, ao pensarem sobre suas igrejas, como ministrar eficazmente àqueles que estão dentro das igrejas e como ministrar eficazmente àqueles que estão fora delas.

Ordenação de Líderes da Igreja

A formalização religiosa da liderança pastoral da igreja é geralmente conhecida como ordenação. As tradições Católica, Ortodoxa e Anglicana consideram a ordenação como um sacramento — a Ordem Sagrada. Aqueles chamados ao sacerdócio ordenado nas Igrejas Católicas Romanas devem fazer votos de pobreza, castidade e obediência, e por isso não se casam. As Igrejas Ortodoxa e Anglicana permitem que seus padres se casem. Até certo ponto, acredita-se que os padres agem no lugar de Cristo — *in persona Christi*. É por isso que somente os padres têm permissão para celebrar a missa em locais altos da igreja. Eles estão reencenando o sacrifício de Jesus no ritual de partir o pão e compartilhar o vinho. Essa visão do sacerdócio como agindo *in persona Christi* tem a consequência infeliz de dar a impressão de que somente os padres podem ter acesso a Deus. Na realidade, isso está longe de ser o caso! Muitas pessoas que pertencem a essas tradições cristãs valorizam o papel do padre, ao mesmo tempo em que afirmam o acesso direto das pessoas a Deus na oração. No entanto, o papel do padre não é apenas teológico, é também estrutural. Essas igrejas tendem a ter uma estrutura hierárquica, onde os padres são supervisionados por bispos, talvez até arcebispos. Na Igreja Católica Romana, a autoridade máxima da Igreja reside no Papa, uma posição religiosa que se desenvolveu na Igreja Antiga.

A maioria das igrejas protestantes possui alguma forma de ordenação, embora nem sempre usem essa fraseologia precisa. Geralmente, algum senso de chamado divino é esperado por aqueles que buscam a ordenação, mas os candidatos precisam passar por um período de discernimento. As igrejas, sejam elas locais ou filiadas a denominações, precisam confirmar o chamado que os indivíduos acreditam ter. Portanto, os pastores não são ordenados sem a confirmação comunitária das igrejas, acreditando que todas agem de acordo com a liderança do Espírito Santo de Deus. A palavra "pastor" vem do latim para pastor, que é um termo que Jesus usou para descrever seu ministério durante sua vida (João 10:11). Assim, de forma semelhante aos padres, os pastores também devem atuar no papel de Jesus. No entanto, os pastores são geralmente considerados líderes de uma igreja, sem o simbolismo adicional de agir "in persona Christi".

Caráter de um padre, ministro, pastor

Toda igreja e denominação tem expectativas de caráter em relação àqueles chamados a serem ordenados como padres, ministros ou pastores. Algumas expectativas são rigorosas, enquanto outras são menos rigorosas. Passagens bíblicas comuns às quais as igrejas recorrem para avaliar o caráter de líderes ordenados são 1 Timóteo 3 e Tito 1. Nessas passagens, espera-se que os líderes da igreja sejam íntegros e santos, disciplinados, ensinem e assim por diante. Além disso, devem ter uma só esposa, não serem dados à embriaguez, ter filhos obedientes e assim por diante. Essas últimas qualidades de caráter podem ser confusas, especialmente se as interpretarmos literalmente. Por exemplo, o que significa que os ordenandos devem ter uma só esposa? Significa que não devem ser polígamos? Significa que somente homens podem ser ordenados? Significa que somente homens casados podem ser ordenados, e não homens que nunca se casaram ou homens cujas esposas faleceram? Poucas igrejas, se é que alguma, interpretam esses versículos de forma tão literal, mesmo que afirmem ser intérpretes literais das Escrituras.

Independentemente das particularidades esperadas pelos ordenandos, cristãos e igrejas geralmente têm grandes expectativas em relação àqueles que os lideram. Portanto, o processo de ordenação geralmente leva muito tempo, tanto para os ordenandos quanto para as igrejas, para que se sintam confiantes em suas decisões. Mas, assim como as Escrituras têm grandes expectativas para aqueles que lideram igrejas, também há promessas da ajuda de Deus no cumprimento das funções de liderança da igreja, conforme determinado por cada igreja e denominação.

Ordenação de Mulheres

Tanto historicamente quanto hoje, a maioria das igrejas e denominações não ordena mulheres, pelo menos não ao nível de servir como sacerdotes, ministros ou pastores seniores. Tais igrejas consideram as evidências das Escrituras decididamente a favor de uma visão hierárquica, patriarcal ou, o que às vezes é chamado de complementarista, da relação entre homens e mulheres. Em relação a esta última, tanto homens quanto mulheres são considerados complementares em seus respectivos papéis de líderes masculinos e mulheres consentidoras. Essa visão hierárquica é defendida pelas Igrejas Católicas, juntamente com muitas Igrejas Ortodoxas e Protestantes em todo o mundo.

No entanto, desde meados do século XX, cristãos e igrejas têm valorizado cada vez mais os dons, talentos e habilidades das mulheres, o que os levou a retornar às Escrituras para reconsiderar a ordenação de mulheres. Consequentemente, um número crescente de cristãos e igrejas passou a acreditar que as Escrituras dão mais ênfase à relação igualitária entre homens e mulheres do que a uma relação hierárquica. Os argumentos a favor do igualitarismo nem sempre são os mesmos. Por exemplo, alguns argumentam que o Espírito Santo concede dons, talentos e habilidades para o ministério, e, portanto, as Escrituras contêm exemplos de mulheres em liderança, como Débora e Priscila. Débora foi uma juíza no Antigo Testamento, que liderou o povo de Israel (Juízes 4-5), e Priscila foi uma missionária que serviu com seu marido Áquila, a quem Paulo disse que ambos "cooperam comigo em Cristo Jesus" (Romanos 16:3). Além disso, muitas tradições cristãs referem-se a Maria Madalena como a "apóstola dos apóstolos", visto que Jesus lhe apareceu pela primeira vez após a sua ressurreição e ordenou que Maria proclamasse a ressurreição de Jesus aos apóstolos. Todos os quatro Evangelhos narram a história da escolha de Maria por Jesus para dar testemunho das Boas Novas a todos, incluindo homens e mulheres.

Outros argumentam que a subserviência das mulheres tem mais a ver com a queda da humanidade no pecado do que com a ordem divina, e que os cristãos há muito tempo trabalham para derrubar os desafios (e maldições) decorrentes da queda. Portanto, eles também deveriam derrubar a liderança exclusiva dos homens. Outros ainda argumentam: "Já não há judeu nem grego, já não há escravo nem livre, já não há homem nem mulher; pois todos vocês são um em Cristo Jesus" (Gálatas 3:28). Assim como os cristãos eliminaram as relações hierárquicas entre judeus e gregos, e entre livres e escravos, eles deveriam eliminá-las entre homens e mulheres.

Comentários finais

Desejo que mais cristãos se envolvam ativamente no ministério — homens e mulheres, idosos e jovens, formados e não formados, ordenados e leigos. Parte do problema tem a ver, na minha opinião, com o desconhecimento, por parte dos cristãos, de todas as formas legítimas de ministério, que nem sempre foram adequadamente reconhecidas como ministério. Por exemplo, considere ajudar na manutenção prática de uma igreja, que é tão importante quanto a programação da igreja; defender a causa contra políticas ou leis civis que tratam as pessoas injustamente; demonstrar hospitalidade a estranhos ou àqueles frequentemente negligenciados nas igrejas e na sociedade; doar para ajudar as pessoas em suas necessidades financeiras, de saúde e educacionais. As expressões de amor mencionadas são tão importantes para a vida bíblica da igreja quanto outros ministérios voltados para missões.

Há muitas maneiras de ministrar, e talvez apenas a nossa imaginação nos limite em relação ao que cristãos e igrejas, individualmente, podem fazer coletivamente para demonstrar amor ao próximo. Ministério, em sua forma mais básica, significa "servir" – viver a vida para os outros, e não apenas para si mesmo. O ministério inclui todos os que creem e assume formas físicas e espirituais, atos individuais de amor e atos coletivos. Os cristãos devem ser criativos na forma como visualizam seu papel no amor ao próximo como a si mesmos!

Capítulo 22
O Problema da Hipocrisia

Ninguém gosta de hipócritas. Todos nós já os conhecemos! Entre eles, estão amigos ou vizinhos que o criticam, mesmo sabendo que eles são mais culpados por suas críticas do que você. Entre os hipócritas, estão pais ou irmãos que se obcecam com a menor falha em seu relacionamento com eles, mesmo sabendo em primeira mão que eles são insuportavelmente piores do que você em relação a essas falhas. Entre eles, estão políticos que denunciam decisões e gastos governamentais quando não estão no poder, e ainda assim se calam duplamente quando estão no poder e aprovam as mesmas decisões e gastos. Ninguém gosta de hipócritas!

Lamentavelmente, alguns dos piores hipócritas existem nas igrejas. Eles afirmam amar o próximo como a si mesmos, e ainda assim estão entre os primeiros a dizer coisas desrespeitosas ou odiosas sobre os outros devido à sua raça, etnia, sexo, classe, educação, política ou afiliação religiosa. Os cristãos podem ser rápidos em condenar indiscrições sexuais na sociedade e entre políticos, e ainda assim permanecem em silêncio ou — pior — são os principais defensores de agressões sexuais injustas por parte de seu pastor sênior ou líderes de partidos políticos. É um reflexo pretensioso do tribalismo, é claro, quando as pessoas em geral, e os cristãos em particular, julgam amargamente as falhas e discrições dos outros, enquanto defendem sua tribo de transgressões semelhantes ou piores. Suas tribos, é claro, incluem seus cônjuges, famílias, amigos, igrejas, clubes, estados e países.

Quantas vezes você já ouviu um cristão ou uma igreja dizer que desaprovava ou condenava certas crenças, valores e ações até que isso afetasse alguém de sua tribo — um cônjuge? Filho? Pai/Mãe? Amigo? Membro da igreja? Membro de clube? Membro de partido político? País? Tais indivíduos se sentem isentos da desaprovação e condenação anteriores, pois alegam que suas circunstâncias são diferentes ou que alguma falsidade explica por que não precisam obedecer às mesmas regras pelas quais desaprovam e condenam os outros. De fato, eles podem continuar a desaprovar e condenar os outros, apesar da reconhecível contradição de sua ética. Uma das ironias da hipocrisia é que é mais fácil identificá-la nos outros do que reconhecê-la e admiti-la em si mesmo.

O que é hipocrisia?

Hipocrisia tem a ver com dizer e agir de uma maneira e, em seguida, condenar e discriminar os outros pelas mesmas coisas. Tem a ver com reivindicar a superioridade moral, quando, na verdade, transgride a mesma moral. Hipocrisia também tem a ver com afirmar externamente ser, fazer ou ter algo, enquanto interiormente sabe que não é verdade. É indistinguível de mentir com o objetivo de se elevar pretensiosamente (ou à sua tribo) ou de menosprezar os outros. De uma perspectiva filosófica, pode-se dizer que as pessoas são culpadas de inconsistências lógicas; de uma perspectiva bíblica, as pessoas são culpadas de hipocrisia, que é pecado.

As Escrituras rejeitam a hipocrisia como um vício, isto é, como um ato pecaminoso. Em particular, Jesus criticou a hipocrisia. Em seu Sermão da Montanha, Jesus disse a famosa frase:

> Não julgueis, para que não sejais julgados. Pois com o julgamento que fizerdes, sereis julgados, e com a medida que tiverdes, sereis medidos. Por que você vê o cisco no olho do seu próximo, mas não repara na trave que está no seu? Ou como pode dizer ao seu próximo: "Deixe-me tirar o cisco do seu olho", quando a trave está no seu? Hipócrita, tire primeiro a trave do seu olho, e então você verá claramente para tirar o cisco do olho do seu próximo (Mateus 7:1-5).

Jesus falou claramente sobre o problema de julgar os outros por algo, quando essas mesmas pessoas eram culpadas das mesmas coisas (ou piores). A passagem sugere que aqueles que julgam os outros precisam ser extremamente cautelosos, pois podem ser mais culpados de julgamento do que aqueles a quem julgam. Além disso, se forem mais culpados, os outros logo descobrirão que são hipócritas.

Em muitos aspectos, Jesus parecia notavelmente tolerante e imparcial em suas interações com as pessoas. Houve uma exceção notável, contudo, que teve a ver com o julgamento da hipocrisia dos líderes em geral e dos líderes religiosos em particular. Jesus condenou veementemente a hipocrisia dos "escribas e fariseus". No livro de Mateus, um capítulo inteiro contém sua crítica a eles. Aqui está um exemplo da censura de Jesus:

Mas ai de vocês, escribas e fariseus, hipócritas! Pois vocês mesmos não entram, e quando os outros estão entrando, vocês os impedem de entrar (Mateus 23:13).

Ai de vocês, escribas e fariseus, hipócritas! Pois vocês percorrem o mar e a terra para fazer um só prosélito, e fazem do novo prosélito um filho do inferno duas vezes mais do que vocês mesmos (Mateus 23:15).

Ai de vocês, escribas e fariseus, hipócritas! Pois vocês dão o dízimo da hortelã, do endro e do cominho, e negligenciam os preceitos mais importantes da lei: a justiça, a misericórdia e a fé. Estas coisas vocês deviam praticar, sem omitir aquelas (Mateus 23:23).

Jesus reconheceu a necessidade de respeitar os líderes religiosos. No entanto, respeitar a autoridade de seus cargos não obriga as pessoas a seguirem seus exemplos pouco virtuosos. Jesus alertou contra seguir seus modelos pretensiosos. Ele disse: "Os escribas e os fariseus sentam-se na cadeira de Moisés; portanto, façam tudo o que eles ensinam e sigam-no; mas não façam como eles fazem, pois não praticam o que ensinam" (Mateus 23:3).

Jesus compreendeu o quão ruim é a hipocrisia e como seus efeitos injustos aumentaram (exponencialmente?) entre aqueles com poder. Muitas pessoas têm poder, é claro, e não apenas líderes religiosos. Os pais têm poder sobre os filhos, e a hipocrisia pode ter efeitos opressivos sobre as crianças. Os professores têm poder sobre os alunos, e a hipocrisia pode ter efeitos opressivos sobre os alunos. Os empregadores têm poder sobre os empregados, e a hipocrisia pode ter efeitos opressivos sobre os empregados. Presidentes, políticos e militares têm poder sobre um país, e a hipocrisia pode ter efeitos opressivos sobre o país e, às vezes, sobre o mundo como um todo.

Hipocrisia e Igrejas

Um dos motivos mais comuns alegados pelas pessoas para evitar ir à igreja é a hipocrisia. É claro que não é o único motivo pelo qual as pessoas não gostam de igrejas, mas pesquisas após pesquisas comprovam isso. Em resposta, ouço cristãos dizerem que as críticas à hipocrisia são injustificadas. Eles não são os hipócritas, retrucam; em vez disso, as pessoas que chamam os cristãos de hipócritas são os verdadeiros hipócritas. Notícias falsas, dizem eles! Essa desculpa esfarrapada é, em si mesma, hipócrita, pois se recusa a considerar de forma realista e empática as dúvidas razoáveis que as pessoas têm em relação às igrejas. Amar o próximo como a nós mesmos não exige realmente ouvir suas perguntas, preocupações e críticas?

A velha piada, claro, é que as pessoas afirmam amar Jesus, mas não a igreja: "Eu gosto de Jesus; são os seus seguidores que eu não suporto!" Independentemente de aceitarmos ou não essas críticas, o fato é que muitas pessoas não frequentam a igreja, e compreensivelmente, devido às hipocrisias cristãs. Frequentei a igreja a vida toda e, pessoalmente, me lembro de exemplos de hipocrisia que provocaram pesar, se não indignação. Na minha experiência, as igrejas deram aos pastores (aqueles com poder e prestígio) um passe livre para suas transgressões sexuais e financeiras, enquanto as mesmas igrejas rejeitavam outros culpados das mesmas imoralidades. O divórcio era um anátema nas igrejas, até que muitos na congregação se divorciaram, e então deixou de ser uma preocupação interna, exceto pela indignação que os fiéis tinham contra divórcios e divorciados na sociedade externa. As pessoas na igreja às vezes se casavam, se divorciavam e se casavam novamente inúmeras vezes. Na verdade, parecia que o pecado maior era permanecer solteiro, e por isso os cristãos se casavam continuamente para se misturar, com medo de se tornarem alvos de ostracismo social ou fofocas obscenas. Pesquisas nacionais demonstraram que a taxa de divórcio entre cristãos — independentemente de serem protestantes ou católicos, liberais ou conservadores — difere pouco da de pessoas sem igreja. Então, como as igrejas podem justificar de forma demonstrável suas alegações hipócritas de serem defensoras dos valores conjugais?

Quais são outras áreas de hipocrisia? Os cristãos são hipócritas se condenam o sexo pré-marital fora do casamento, até terem uma filha que engravida e então a aceita e ama? São hipócritas se condenam o aborto, alegando ser pró-vida, e ainda assim defendem a pena de morte, a guerra e a tortura, e se recusam a apoiar a saúde pública para recém-nascidos desfavorecidos? São hipócritas se rejeitam a escolha das mulheres pelo aborto, e ainda assim afirmam a escolha das mulheres pelo aborto em casos de estupro ou incesto, ou que afirmam a escolha das mulheres pela fertilização *in vitro*, que geralmente resulta na destruição de embriões fertilizados não utilizados? São hipócritas se condenam a sexualidade gay, até terem um irmão que admite ser homossexual e então o aceita e ama? São hipócritas se afirmam cuidar dos pobres, mas se recusam a fazer qualquer coisa por eles — privada ou publicamente, eclesiástica ou governamentalmente — alegando que "Deus ajuda aqueles que se ajudam" ou que todos devem "se erguer por conta própria"? Cristãos brancos são hipócritas se afirmam amar o próximo como a si mesmos e, em seguida, caricaturam pessoas negras ou pardas, marginalizam-nas e se recusam a contratá-las, servi-las ou mesmo sentar-se ao lado delas? Cristãos americanos são hipócritas se citam piedosamente versículos bíblicos sobre acolher estrangeiros, mas afirmam que tais versículos se aplicam apenas a estrangeiros legalmente documentados? Cristãos são hipócritas se tomam decisões diárias com base na ciência meteorológica e, em seguida, negam as evidências climáticas quando elas entram em conflito com seus próprios interesses financeiros ou políticos? Cristãos são hipócritas se afirmam que seu partido político, candidato ou presidente é ordenado por Deus e, portanto, isento de envolvimentos sexuais, violações da lei financeira, subversão estrangeira e acobertamentos inconstitucionais? Afinal, não é verdade que Deus não é democrata nem republicano?

No mesmo capítulo em que Jesus alertou as pessoas contra o julgamento unilateral, ele também disse que se conhece as pessoas pelos frutos de suas ações. Em Mateus 7:15-20, Jesus diz:

> Acautelai-vos dos falsos profetas, que vêm até vós disfarçados em ovelhas, mas por dentro são lobos devoradores. Pelos seus frutos os conhecereis. Colhem-se uvas dos espinheiros, ou figos dos abrolhos? Da mesma forma, toda árvore boa dá bons frutos, mas a árvore má dá frutos maus. A árvore boa não pode dar maus frutos, nem a árvore má dar bons frutos. Toda árvore que não dá bom fruto é cortada e lançada ao fogo. Assim, pelos seus frutos os conhecereis.

Só porque as pessoas afirmam ser cristãs ou falar em nome de Deus, não significa que estejam verdadeiramente representando Jesus ou as crenças e valores bíblicos. Portanto, os cristãos precisam estar dispostos e abertos à autoavaliação, isto é, a avaliar honestamente a si mesmos e às suas tribos, para que não vivam de forma hipócrita, sem amor e infrutífera.

Certamente, questões éticas são extremamente complexas. Não consigo nem começar a falar sobre toda a dinâmica envolvida com injustiças devido à negligência, marginalização, discriminação, opressão, perseguição e violência contra os outros, e se os cristãos resistem *ou* obedecem a elas. No entanto, para o mundo não cristão, os cristãos não parecem muito consistentes no que dizem, em comparação com o que fazem. Cristãos em geral, e líderes cristãos em particular, são frequentemente alvo de piadas de comediantes. Por outro lado, as piadas de comediantes são verdadeiramente perseguição religiosa, ou os cristãos têm vergonha de sua hipocrisia e desculpas esfarrapadas?

Os cristãos precisam analisar mais profundamente a si mesmos e às suas igrejas. Não devem se refugiar em suas diversas tribos para apaziguar suas hipocrisias, seja na família, nos amigos, nas redes sociais ou em propagandistas políticos. Se as pessoas criticam os cristãos por serem hipócritas, precisam considerar essas acusações com empatia e crítica. Não descartem as acusações simplesmente como sendo motivadas por pessoas más, pelo politicamente correto ou por Satanás. Tais motivações podem estar em ação, mas isso não isenta os cristãos de considerarem com carinho o que seus vizinhos dizem. Se sabemos o quanto detestamos a hipocrisia nos outros — o chamado "argueiro" em seus olhos —, por que rejeitaríamos imediatamente a "trave" que pode estar em nossos próprios olhos (Mateus 7:3-5), impedindo-nos de florescer no relacionamento com Deus e com os outros?

Pensamentos e orações = Seja aquecido e preenchido?

Uma frase comum que você pode ouvir de cristãos é que, quando desastres surgem na vida das pessoas, elas respondem dizendo que as pessoas em luto estão em seus "pensamentos e orações". Políticos e outras figuras públicas também podem dizer essas palavras em tempos de desastre. Ora, não há nada de errado em dizer que os outros estão em seus pensamentos e orações. Os cristãos geralmente pensam naqueles que estão em apuros e geralmente oram por eles. No entanto, a frase se tornou clichê e insincera. Muitas vezes, os ouvintes a entendem como uma desculpa para não fazer nada por aqueles com problemas. Quando as pessoas ouvem cristãos dizerem que as pessoas que sofrem estão em seus "pensamentos e orações", elas entendem a frase como uma desculpa dos cristãos para não fazerem nada pelos necessitados. Muitas vezes, as palavras dos cristãos são recebidas como vazias do tipo de cuidado compassivo e ação social que eles associam a Jesus, em vez de às igrejas. Quantas evidências podemos imaginar para refutar as críticas das pessoas aos cristãos por serem insensíveis e incompassivos com aqueles "diferentes" de sua tribo?

No livro de Tiago, palavras duras criticam aqueles que afirmam ter convicções elevadas, mas falham em atender às necessidades tangíveis das pessoas — tanto físicas quanto espirituais, tanto coletivas quanto individuais. Tiago diz:

> De que adianta, meus irmãos, dizer que têm fé, se não tiverem obras? A fé pode salvá-los? Se um irmão ou uma irmã estiver nu e tiver falta de alimento diário, e um de vocês lhe disser: "Vá em paz, aqueça-se e coma à vontade", e não suprir as necessidades físicas dele, de que adianta isso? Portanto, a fé, se não tiver obras, é morta (Tiago 2:14-17).

Tiago argumenta veementemente que não basta compartilhar palavras teóricas de encorajamento — isto é, "mantenham-se aquecidos e comam até se fartarem" — sem ações práticas para apoiá-las. Tais palavras de "aquecimento e saciedade" soam vazias, hipócritas e hipócritas. Tiago nos lembra que o amor envolve um ministério tangível para as necessidades físicas e corporais das pessoas, bem como para suas necessidades espirituais e eternas. De fato, Tiago afirma que a falha em cuidar tanto das necessidades físicas quanto corporais das pessoas lança dúvidas sobre a autenticidade da fé.

Lutero não gostava do livro de Tiago e o considerava uma "epístola de palha". De sua perspectiva, o livro tinha valor temporal, mas não valor eterno. Lutero disse isso, em parte, porque argumentava contra a ênfase católica romana nas boas obras, defendendo, em vez disso, que as pessoas recebem a eternidade somente pela graça e pela fé. Deus faz tudo, e nós não fazemos nada! No entanto, a maioria dos cristãos na história da igreja considera a interpretação de Lutero do livro de Tiago excessiva, razão pela qual — em parte — ele não o removeu do cânone das Escrituras. A cooperação das pessoas com a graça de Deus, por meio do Espírito Santo, representa uma cooperação sinérgica que valoriza a participação física das pessoas, bem como a participação espiritual. Nas Escrituras, não há contradição entre as prioridades espirituais da fé, esperança e amor e as prioridades físicas de cuidar das necessidades das pessoas aqui e agora. Paulo, por exemplo, diz: "A única coisa que conta é a fé que opera pelo amor" (Gálatas 5:6). A fé não é inativa, passiva e sem aplicações para a vida temporal; é ativo e amoroso, cuidando compassivamente de todas as necessidades das pessoas, assim como Jesus cuidava holisticamente das pessoas a quem ele ministrava.

Considerações finais

Os cristãos devem ouvir e considerar seriamente as acusações de hipocrisia. Ignorar tais críticas ou argumentar levianamente que suas boas obras superam suas obras menos boas é hipocrisia, sem dúvida. Os cristãos gostam de dizer que são salvos pela graça e que ainda não são perfeitos — em teoria. No entanto, na prática, precisam ser mais cuidadosos para não agir de forma pretensiosa, hipócrita e hipócrita.

A humildade é uma virtude cristã, que outros povos antigos não reconheciam antes da época de Jesus Cristo. Em vez disso, os antigos enfatizavam a necessidade de agir assertivamente em nome do próprio interesse (ou da própria tribo); não importava se outros sofressem por causa disso. No entanto, Jesus ensinou outro caminho — um caminho de verdade, vida e compaixão que não funciona como o mundo. É claro que humildade não significa pensar menos (ou nada) sobre si mesmo, mas sim pensar sobre si mesmo de forma realista, atento à sua relação consigo mesmo e com os outros, bem como com Deus. Com humildade, os cristãos devem acautelar-se da hipocrisia e derrubá-la em suas vidas e em suas igrejas.

Parte Seis
"Mas que tenham a vida eterna"

Capítulo 23
Fim dos Tempos

Após a Guerra Árabe-Israelense de 1967, também conhecida como Guerra dos Seis Dias, quando o Israel moderno capturou toda Jerusalém, os cristãos do juízo final reacenderam suas expectativas apocalípticas para o retorno iminente de Jesus. Jesus está voltando! Jesus está voltando novamente! Eu era adolescente na época e me deixei levar pelas previsões cataclísmicas do Armagedom transmitidas por evangelistas itinerantes, filmes (por exemplo, *A Thief in the Night)*, música (por exemplo, *I Wish We'd All Been Ready)* e livros como *The Late, Great Planet Earth,* de Hal Lindsey com Carole Carlson, que sugeriam que Jesus retornaria dentro de cinco a dez anos. Bem, Jesus não retornou, e os cristãos que preveem o retorno iminente de Jesus têm feito isso há muito tempo.

A própria Escritura sugere o retorno iminente de Jesus e o "fim dos tempos" ou "fim do mundo" (grego: *eschaton,* de onde derivamos o estudo da escatologia). Perto do fim de seu discurso escatológico no Monte das Oliveiras, Jesus disse: "Em verdade vos digo que não passará esta geração sem que todas essas coisas aconteçam" (Mateus 24:34). Diversas vezes no Novo Testamento, autores bíblicos tiveram que amenizar o entusiasmo (ou a decepção) dos cristãos, visto que Jesus ainda não havia retornado, ou seja, sua *parousia* (grego: "vinda", "chegada") ou "segunda vinda".

Ao longo da história da Igreja, inúmeros cristãos acreditavam viver no fim dos tempos. Por exemplo, alguns cruzados acreditavam estar inaugurando o reino de Deus, e Lutero e Calvino acreditavam estar vivendo nos últimos dias escatológicos. Muitos cristãos, de fato, previram datas específicas para as quais se prepararam para o retorno de Jesus. Por exemplo, Guilherme Miller previu espetacularmente o retorno de Jesus, ou Advento, em 22 de outubro de 1844. Quando Jesus não retornou, os seguidores adventistas de Miller experimentaram uma "Grande Decepção", mas tais previsões falhadas ocorreram repetidamente ao longo da história da Igreja, incluindo previsões falhadas ocorridas no século XXI.

Todos gostariam de saber o futuro, e esse desejo parece especialmente intenso entre os cristãos que acreditam ter uma visão especial para prever o futuro. Pode até haver uma certa presunção em relação a possuir conhecimento secreto, visto que anseiam pela validação de suas crenças, valores e práticas escatológicas. Eles adorariam que seu conhecimento secreto se tornasse realidade, humilhando tanto cristãos quanto não cristãos que zombavam de suas especulações cataclísmicas sobre a tristeza e a desgraça que viriam em breve.

Ironicamente, ou tragicamente, Jesus alertou seus seguidores sobre especulações a respeito do futuro fim dos tempos. No mesmo discurso no Monte das Oliveiras mencionado acima, Jesus disse: "Mas daquele dia e hora ninguém sabe, nem os anjos do céu, nem o Filho, senão unicamente o Pai... Portanto, vocês também devem estar preparados, pois o Filho do Homem virá em uma hora inesperada" (Mateus 24:36, 44). Em outras palavras, Jesus recomendou que seus seguidores se concentrassem mais em ser justos, retos e viver aqui e agora, em vez de especular sobre o futuro.

Literatura Apocalíptica

As Escrituras contêm escritos conhecidos como literatura apocalíptica, do grego *apokalypsis* (revelação), que é um gênero de escrita profética sobre as futuras relações de Deus com a humanidade e o mundo. O livro do Apocalipse contém a literatura mais apocalíptica das Escrituras, mas acredita-se que outros livros também contenham profecias sobre o fim dos tempos, por exemplo, partes dos livros de Isaías, Daniel, Joel e Zacarias. Também é importante notar que a literatura apocalíptica não é exclusiva da Bíblia. Pessoas estavam escrevendo outros textos apocalípticos em outras culturas ao mesmo tempo. É um gênero — assim como "ficção científica" e "romance histórico" são gêneros. Como a literatura apocalíptica deve ser interpretada? Seu gênero requer uma abordagem especial para a compreensão de seu significado?

Sempre apreciei quatro conselhos dados por Shirley Guthrie Jr. sobre o que nos acontecerá no futuro. Ele diz:

Não devemos querer saber demais.
A linguagem bíblica sobre o futuro é simbólica.
Não há uma imagem bíblica consistente do futuro, mas sim um desenvolvimento em seu pensamento.

A melhor compreensão que temos sobre o que Deus fará é encontrada ao observar o que Deus fez.

Em primeiro lugar, Guthrie alerta contra o desejo humano de saber (ou especular) sobre todos os detalhes possíveis do futuro, pois isso pode levar a uma fixação que não é bíblica nem saudável para nós, tanto pessoal quanto socialmente, bem como espiritualmente. Certamente, esse tipo de fixação leva à crítica aos cristãos de que eles têm uma mentalidade celestial demais para serem úteis na Terra.

Em segundo lugar, apesar das alusões a lugares da vida real, tanto do passado quanto do presente, a linguagem bíblica sobre o futuro é primariamente simbólica. É preciso ter muito cuidado e moderação ao discernir o que a literatura apocalíptica aborda e o que não aborda. Mesmo os intérpretes mais autoproclamados de literatura apocalíptica como literais afirmam que tal literatura está repleta de significado simbólico. Por exemplo, vastas quantidades de literatura teológica e cristã popular foram escritas sobre o significado das referências do livro do Apocalipse a uma(s) besta(s), à marca da besta, ao falso profeta, à prostituta da Babilônia, ao dragão, a Gogue e Magogue, e assim por diante. Uma vasta indústria artesanal de escritos ficcionais surgiu sobre o fim dos tempos, como, por exemplo, a série de livros, livros infantis e filmes *Deixados para Trás*, de Tim LaHaye e Jerry B. Jenkins, que alimenta a especulação popular sobre os significados simbólicos da literatura apocalíptica.

Terceiro, as Escrituras nos revelam informações progressivamente, e isso inclui informações sobre o futuro. O mesmo se aplica ao que as Escrituras dizem sobre o céu e o inferno, visto que a maioria desses ensinamentos aparece no Novo Testamento, e não no Antigo Testamento. Portanto, é preciso prestar atenção ao que elas dizem em cada momento específico e como as Escrituras posteriores ajudam a elaborar ou superar o que os autores bíblicos disseram anteriormente.

Em quarto lugar, os leitores de literatura apocalíptica não devem se prender ao que pode acontecer no futuro como base para sua esperança presente. As Escrituras, em outros lugares, falam claramente sobre o que Deus fez no passado, especialmente pela salvação das pessoas por meio da vida, morte e ressurreição de Jesus. As Escrituras também falam sobre como os cristãos devem crer, valorizar e praticar os ensinamentos de Jesus aqui e agora. Os atos e promessas presentes de Deus devem contribuir mais decisivamente para a esperança em nossas vidas presentes, em vez de especulações incertas sobre o futuro.

Livro do Apocalipse

De que maneiras os cristãos têm compreendido o livro do Apocalipse, o principal repositório da literatura apocalíptica? Na história da Igreja, alguns adotaram uma abordagem histórica abordagem interpretativa, dizendo que o livro tem mais a ver com eventos históricos, amplamente entendidos, do que com a previsão do futuro. Mais especificamente, uma interpretação preterista (do latim, *praeter*, 'passado', 'além') diz que o Apocalipse se refere a eventos históricos que ocorreram no primeiro século. Por exemplo, a Palestina do primeiro século foi assolada por turbulências políticas, e não era incomum que as pessoas antecipassem o fim do mundo como um alívio para suas lutas atuais. Estudiosos que subscrevem essa visão sugerem que a "besta" que é prevista no Livro do Apocalipse é na verdade o opressor imperador César Nero, cujo nome, quando convertido em números, soma o sinistro número "666" (os escritores do primeiro século eram muito interessados em numerologia e atribuíam um valor numérico a cada número do alfabeto).

Uma interpretação futurista acredita que o livro do Apocalipse apresenta uma cronologia, mais ou menos, dos eventos mundiais futuros. Quanto mais se estuda, mais se consegue interpretar os eventos atuais e prever o que acontecerá a seguir. A maioria das pregações escatológicas dramáticas, filmes, músicas e livros adota uma abordagem futurista à literatura apocalíptica.

Uma abordagem interpretativa simbólica, alegórica ou idealista do livro do Apocalipse afirma que a literatura apocalíptica não trata de eventos históricos, passados ou futuros. Em vez disso, transmite afirmações teológicas sobre como Deus, em última análise, está no controle do mundo e que as pessoas em geral, e os cristãos em particular, podem ter esperança em meio às provações e tribulações da vida.

Milenarismo

Às vezes, diferentes visões da escatologia, especialmente sobre o fim dos tempos, são categorizadas em termos de suas visões sobre o milênio (lat., "mil anos"). Trata-se de uma alusão ao reinado de mil anos de Jesus na Terra, mencionado em Apocalipse 20. Trata-se de um reinado futuro literal ou de algo mais? Grande parte da escatologia cristã tem a ver com a forma como se interpreta o Livro do Apocalipse, que fornece a maior quantidade de literatura apocalíptica nas Escrituras.

O amilenismo tornou-se a visão dominante na igreja antiga, que afirmava que as referências ao reinado de Jesus eram simbólicas ou alegóricas. Agostinho era um defensor do amilenismo, e essa visão era proeminente entre as igrejas católica, ortodoxa e da Reforma. A maioria acreditava que Jesus realmente voltaria, como prometeu nos Evangelhos. Mas o livro do Apocalipse não contém uma cronologia de eventos futuros.

O pós-milenismo surgiu principalmente após a Reforma e também defende uma interpretação mais simbólica ou alegórica do livro do Apocalipse. Certos protestantes tinham esperança de que, à medida que a igreja crescia devido à evangelização e às missões, eles progressivamente trariam o reino de Deus à Terra. Só então Jesus retornaria.

O pré-milenismo acredita que Jesus retornará e que a literatura apocalíptica fornece conteúdo profético suficiente para identificar os sinais e os tempos do retorno de Jesus. Os milenaristas às vezes argumentam que são os únicos que acreditam que Jesus retornará visível e fisicamente, e que suas visões foram marginalizadas na igreja antiga. Mas amilenistas e pós-milenistas também acreditam que Jesus retornará visível e fisicamente, embora evitem especular sobre eventos atuais e futuros.

Os pré-milenistas discordam, contudo, quanto ao momento exato em que Jesus retornará e como os cristãos se levantarão ou serão "arrebatados", o que é uma alusão a 1 Tessalonicenses 4:17: "Depois, nós, os que ficarmos vivos, seremos arrebatados juntamente com eles nas nuvens, ao encontro do Senhor nos ares, e assim estaremos com o Senhor para sempre." Quando ocorrerá esse tempo de "arrebatamento" (do latim, *raptus*)? Será um evento público ou secreto?

Os adventistas defendiam um arrebatamento pós-tribulação, que seria público e vitorioso. A tribulação geralmente se refere a um período de sete anos de dor e sofrimento mundial, com base na literatura apocalíptica dos livros de Apocalipse e Daniel. Posteriormente, Jesus estabeleceria o reino milenar. Os adventistas acreditam no retorno iminente de Jesus, mas esperam que ele ocorra após um terrível período de tribulação e ira divina, que os cristãos vivos devem suportar. Portanto, os cristãos precisam se preparar para os tempos difíceis que virão, sabendo que somente Deus pode, em última análise, realizar a consumação final do mundo.

Em contraste, os dispensacionalistas defendiam um arrebatamento pré-tribulacionista, que seria secreto e anterior ao período de sete anos de dor e sofrimento mundial. Depois disso, Jesus retornaria com aqueles que haviam sido arrebatados secretamente, a fim de estabelecer o reino milenar. Os dispensacionalistas também preveem que o mundo se tornará pior, evidenciado por "guerras e rumores de guerras" (Mateus 24:6) e por "terremotos... fomes e pestes" (Lucas 21:11). No entanto, os cristãos serão secretamente removidos da Terra de forma dramática, e todos os outros serão "deixados para trás" (aludindo a Mateus 24:40-42).

Os chamados mesotribulacionistas defendiam que a tribulação deveria ser dividida em duas partes: a primeira metade envolvendo tribulações causadas por pessoas e a segunda metade envolvendo o derramamento da ira divina sobre o mundo. Como não se acredita que Deus puna os cristãos diretamente, argumenta-se que o arrebatamento os removerá secretamente antes de finalmente estabelecer o reino milenar. Portanto, um arrebatamento secreto ocorrerá; no entanto, ele ocorrerá no meio dos sete anos. Os primeiros três anos e meio envolvem tribulação, causada principalmente pela humanidade, enquanto os últimos três anos e meio envolvem a ira divina diretamente derramada por Deus sobre aqueles que ficaram para trás.

Ideias têm consequências

O que os cristãos acreditam sobre o futuro impacta como eles vivem aqui e agora. Os pré-milenistas, por exemplo, não acreditam que visões milenaristas alternativas promovam urgência suficiente em relação ao retorno iminente de Jesus. De sua perspectiva, os cristãos deveriam evangelizar o máximo possível, visto que o mundo só piorará até que Jesus retorne. Os pós-milenistas acham que os pré-milenistas são muito negativos, não acreditando que a graça de Deus seja suficiente para promover a justiça atual, bem como a evangelização. Assim, os pré-milenistas podem abandonar suas responsabilidades ordenadas por Deus para com as necessidades físicas e sociais das pessoas, argumentando que somente Jesus pode consertar tais coisas, e então por que se preocupar? Os amilenistas diriam que não se pode prever com precisão se a vida se tornará melhor ou pior no futuro, mas isso não isenta ninguém de cuidar agora de todas as necessidades das pessoas — espirituais e físicas, individuais e sociais.

Abordagens de interpretação da literatura apocalíptica orientadas ao literalismo às vezes tentam forçar a segunda vinda de Jesus, promovendo o cumprimento de profecias que, segundo eles, devem primeiro se cumprir. Por exemplo, alguns pré-milenistas acreditam que a nação de Israel precisa reconquistar terras árabes, reconstruir o templo em Jerusalém e assim por diante. Para alcançar o cumprimento esperado dessas profecias, eles podem promover violência, guerra e outras atrocidades, às vezes conhecidas como sionismo cristão, apoiando Israel "certo ou errado ". Eles também podem ser obcecados por teorias da conspiração relacionadas a uma "ordem mundial única" ou acusações sobre quem poderia ser o "Anticristo", uma alusão a passagens bíblicas em 1 João (por exemplo, 2:18, 22). Lamentavelmente, os protestantes têm acusado cronicamente os papas católicos romanos de serem o Anticristo, desde a época da Reforma, e, mais recentemente, os cristãos têm demonstrado uma propensão a acusar presidentes dos EUA (geralmente de partidos políticos opostos) de serem o Anticristo. No entanto, os cristãos devem ser cautelosos quanto ao desrespeito cego às leis conhecidas — bíblicas e internacionais — com o objetivo de especular sobre alusões proféticas na literatura apocalíptica, que podem ser motivadas mais por políticas de poder, economia e nacionalismo do que pelas Escrituras.

Comentários finais

Acredito que o tema central da literatura apocalíptica seja a esperança, apesar da presença de tribulações causadas pelas pessoas e das potenciais consequências da ira divina. Individualmente, a vida pode ser incerta e terrível. De fato, para grupos coletivos de pessoas (por exemplo, grupos raciais, étnicos, linguísticos e nacionais), a vida também pode ser terrível. Além disso, pode haver pouco que se possa fazer para evitar completamente a tribulação e a ira, mesmo para os cristãos. Como pessoas comprometidas em amar a Deus e ao próximo, os cristãos devem se esforçar para aliviar a dor e o sofrimento de todas as pessoas no momento presente, em vez de se fixarem na dor e no sofrimento de algum evento distante.

Os cristãos fariam bem em ser cautelosos com especuladores escatológicos, especialmente aqueles que prometem a alegre evitação de dor e sofrimento futuros. Eles não preparam adequadamente os cristãos para os tipos de sofrimento sobre os quais Jesus alertou seus discípulos, ou sobre os quais a maioria dos autores do Novo Testamento alertou as pessoas em relação à discriminação, opressão e perseguição futuras. Mas nem tudo está perdido; há esperança! Há esperança de auxílio presente de Deus, por meio do Espírito Santo, das igrejas e de outros servos fiéis, e, em última análise, há a bendita esperança da vida eterna no céu, além de todos os benefícios que Deus promete às pessoas aqui e agora.

Capítulo 24
E aqueles que não creem?

Ao longo dos anos, tenho me perguntado: E aqueles que não creem? Qual será o seu destino eterno? E aqueles que viveram antes da época de Jesus? E aqueles que nunca ouviram o Evangelho, ou nunca o ouviram bem explicado?

Outras questões surgem: e quanto aos bebês que morrem? Qual é o destino eterno das crianças falecidas, que podem não ter atingido a idade da responsabilidade (ou da razão)? E quanto às pessoas falecidas que tinham deficiências mentais, emocionais ou físicas de alguma outra natureza, a ponto de ser difícil imaginar como podem ser responsabilizadas espiritual e moralmente por suas decisões?

Ainda surgem outras questões: o que dizer daqueles que morrem e que afirmam outras tradições religiosas, outras crenças? Em particular, o que dizer daqueles que morrem e que eram profundamente devotos e manifestaram amor exemplar pelos outros, como Jesus amou os outros, e ainda assim não o fizeram como cristãos?

Essas perguntas, e muitas outras, não se limitam a mim. São perguntas que muitas pessoas fazem, tanto dentro quanto fora da tradição cristã. Além disso, essas não são perguntas acadêmicas; elas dizem respeito a pessoas reais que conhecemos — talvez filhos, pais, parentes, parentes por casamento, amigos, vizinhos, colegas de trabalho e muito mais. O proverbial "encolhimento do mundo" nos lembra repetidamente que o cristianismo não pode ser concebido apenas dentro do contexto restrito das culturas cristãs hegemônicas. O mundo é religiosamente diverso, tanto dentro quanto fora dos Estados Unidos, e, portanto, todas essas perguntas são cruciais para falar sobre o bem-estar eterno daqueles que poderiam ser chamados de "não evangelizados". De fato, elas podem ser as perguntas mais importantes que fazemos, dada a probabilidade de que todos e cada um de nós conheçamos pessoas que não são cristãs, que são adeptas de outra tradição religiosa ou que simplesmente não se enquadram nas categorias religiosas com as quais crescemos.

Cultura Bíblica Complexa

Para que não pensemos arrogantemente que a situação mundial atual é complexa demais para que as Escrituras sejam relevantes hoje, precisamos lembrar que os autores bíblicos escreveram ao longo de centenas de anos, em múltiplas nações, em múltiplas línguas, interagindo com pessoas de diversas origens raciais, étnicas, culturais, linguísticas e religiosas. Os autores bíblicos não eram ignorantes nem despreocupados com a diversidade do mundo sociocultural em que viviam.

É claro que as Escrituras não especificam uma maneira específica de lidar com as variedades de pessoas com as quais os autores bíblicos entraram em contato. Às vezes, eles se opunham àqueles que eram "outros", por exemplo, líderes israelitas como Josué e Esdras, que queriam salvaguardar a pureza religiosa e étnica do povo de Israel. Outras vezes, os autores bíblicos lidaram com os desafios de um crescente movimento cristão, no qual mais convertidos eram não judeus do que judeus. Algumas de suas respostas aos desafios da crescente diversidade servem como modelos para os dias de hoje; outras respostas foram menos que exemplares. Portanto, as Escrituras servem como um ponto de partida relevante para pensar sobre o destino eterno de todas as pessoas, e não apenas dos cristãos.

Salvação fora do cristianismo?

De modo geral, os cristãos veem os chamados não evangelizados (ou não cristãos) de, pelo menos, três maneiras. Primeiro, a visão exclusivista afirma que ninguém pode ser salvo se não mencionar explicitamente o nome de Jesus como seu salvador e senhor (por exemplo, João 14:6; Romanos 10:9-17). Essa visão restritiva da salvação provavelmente representou o cristianismo mais intensamente ao longo dos séculos e, socioculturalmente, pode ter contribuído para diferenciá-lo de concorrentes religiosos que não eram tão exclusivistas em sua compreensão de salvação, iluminação ou autorrealização.

Em segundo lugar, a visão pluralista afirma que todas as religiões são igualmente válidas e, portanto, cada religião serve como um caminho para a salvação, a iluminação ou a autorrealização. Historicamente, o pluralismo tem sido rejeitado pela maioria dos cristãos, visto que se acredita que ele desvaloriza o papel salvador singular de Jesus Cristo.

Em terceiro lugar, diversas visões inclusivistas afirmam que pode haver caminhos alternativos, complementares aos ensinamentos claros das Escrituras sobre a salvação, pelos quais os não evangelizados podem ser salvos e receber a vida eterna no céu. Esses meios representam meios extraordinários de salvação, em oposição aos meios ordinários (ou ordens de salvação). A *Confissão de Fé de Westminster* (1646), por exemplo, fala sobre a "possibilidade ordinária de salvação", mas não exclui explicitamente a possibilidade extraordinária de salvação de outra forma. Por exemplo, o teólogo católico Karl Rahner, do Vaticano II, propôs que a salvação de Deus pode se estender a pessoas que vivem vidas boas e sinceras fora da Igreja — os chamados "cristãos anônimos". Então, quais são algumas das visões inclusivistas que os cristãos têm defendido?

Visões inclusivistas da salvação

A visão inclusivista mais proeminente afirma que as Escrituras sugerem maneiras pelas quais as pessoas podem ser salvas, mesmo que não conheçam ou não mencionem o nome de Jesus. Por exemplo, o apóstolo Paulo diz que aqueles que não têm as leis do Antigo Testamento são julgados por sua obediência instintiva ou consciência moral, e não pela lei. Paulo diz:

> Quando os gentios, que não possuem a lei, fazem instintivamente o que a lei exige, estes, embora não tenham a lei, são lei para si mesmos. Eles mostram que o que a lei exige está escrito em seus corações, do que também a sua própria consciência dá testemunho; e os seus pensamentos conflitantes os acusarão ou talvez os desculparão (Romanos 2:14-15).

Visto que Deus "deseja que todos sejam salvos e cheguem ao conhecimento da verdade" (1 Timóteo 2:4), Deus pode perdoar os pecados das pessoas e conceder-lhes a vida eterna, graças a meios extraordinários de graça. É claro que não há garantia de que Deus forneça meios extraordinários de graça, mas evidências bíblicas sugerem que as pessoas podem ser salvas de mais maneiras do que normalmente imaginamos.

Outros cristãos argumentam que Deus pode conceder às pessoas a chance de aceitar ou rejeitar a salvação após a morte. Essa visão pós-morte da evangelização surge de versículos que sugerem que Jesus pregou aos não evangelizados após sua morte. Por exemplo, 1 Pedro fala sobre como Jesus "pregou aos espíritos em prisão", que viveram na época de Noé (3:19). 1 Pedro continua: "Porque foi para isto que o evangelho foi pregado também aos mortos, para que, tendo sido julgados na carne, como todos são julgados, vivessem no espírito, como Deus" (4:6). Até mesmo Jesus disse: "Em verdade, em verdade vos digo que vem a hora, e já chegou, em que os mortos ouvirão a voz do Filho de Deus, e os que a ouvirem viverão" (João 5:25). Portanto, evidências bíblicas sugerem que pode haver uma oportunidade pós-morte para as pessoas responderem ao evangelho da salvação se, nesta vida, as circunstâncias as impediram de ouvi-lo. Mais uma vez, as pessoas não devem contar com a possibilidade de responder ao evangelho depois de morrerem, mas as Escrituras não excluem essa chamada "segunda chance ".

Outros cristãos ainda acreditam que, nesta vida, Deus proverá milagrosamente pessoas, anjos, sonhos ou outras circunstâncias que ajudarão a salvar aqueles que sinceramente desejam ter um relacionamento correto com Deus, mesmo que não tenham ouvido o evangelho de Jesus anteriormente. Por exemplo, as Escrituras falam sobre várias maneiras milagrosas pelas quais o evangelho foi transmitido às pessoas. Atos 8:26-40 conta a história de como Filipe foi guiado por um anjo para evangelizar um eunuco etíope, e Atos 10:1-48 conta a história de como o gentio Cornélio teve uma visão e recebeu mensageiros guiados pelo Espírito que ajudaram Cornélio a ser convertido pelo apóstolo Pedro. Se alguém acredita que milagres ainda ocorrem, então milagres modernos podem ocorrer para a evangelização de pessoas que antes estavam muito distantes de ouvir o evangelho. Missionários, de fato, contam histórias anedóticas sobre não cristãos tementes a Deus que tiveram sua fé confirmada por meio do contato com missionários, anjos ou outros emissários extraordinários de Deus.

Na minha opinião, nenhum desses exemplos de inclusivismo, por si só, prova que Deus oferece meios alternativos e extraordinários para as pessoas serem salvas. Mas certamente há evidências bíblicas suficientes para fazer as pessoas — tanto cristãs quanto não cristãs — hesitarem em excluir automaticamente outras pessoas da salvação e da vida eterna no céu, simplesmente porque não receberam explicitamente a mensagem do evangelho e não mencionaram explicitamente o nome de Jesus como seu salvador e senhor. Em outras palavras, há esperança para aquelas pessoas, que incluem milhões e bilhões delas, que não ouviram o evangelho nesta vida, por quaisquer motivos, e foram impedidas de ouvi-lo. Essas visões inclusivistas sugerem que Deus não é um Deus arbitrário, que salva e condena as pessoas à vontade, em relação ao lugar, tempo e circunstâncias desfavoráveis em que viveram.

É claro que alguns cristãos acreditam que, antes da criação do mundo, Deus determinou quem seria salvo e quem seria condenado. No entanto, essa não é a visão majoritária. A maioria dos cristãos acredita que Deus espera que as pessoas tomem alguma decisão como condição para sua salvação. Embora as pessoas possam não ser salvas por meio de ordens comuns de salvação, elas podem ser salvas por meios extraordinários que levam em conta suas consciências, oportunidades pós-morte para evangelização ou meios milagrosos pelos quais todos podem ser salvos.

Morte de Inocentes

E quanto aos bebês que morrem, ou àqueles que sofrem de deficiências mentais, emocionais ou de alguma outra natureza, que os impedem de ter uma oportunidade informada de responder à mensagem do evangelho de Jesus? Não há consenso entre os cristãos sobre essas questões. Às vezes, as opiniões são presumidas, em vez de adotadas formalmente por igrejas ou denominações. Seja como for, várias visões têm sido apresentadas para discutir como Deus trata bebês inocentes e também pessoas que aparentemente não têm o mesmo potencial que os outros para decidir por si mesmas em relação à salvação.

Cristãos que acreditam que Deus predestinou a eleição (e a condenação) das pessoas antes da criação do mundo apelariam à soberania e à misericórdia de Deus em relação à morte de crianças. Dessa perspectiva, nenhuma condição nesta vida se aplica ao status eterno das pessoas e, portanto, a morte prematura de crianças não afetaria a predestinação de Deus, embora certamente os cristãos lamentassem a morte trágica de qualquer pessoa.

Uma variação da visão acima mencionada envolve o conceito de Deus ter "conhecimento médio", isto é, que Deus conhece tanto o mundo atual quanto um número infinito de possíveis existências alternativas para as pessoas, e as escolhas que elas fariam em cada uma delas. Com base nesse conhecimento médio (de contrafactuais, referentes a possíveis existências alternativas), Deus pode salvar pessoas, incluindo crianças, com base em decisões tomadas nessas possíveis existências alternativas, e não necessariamente na situação que vivenciam neste mundo. Embora esta seja uma teologia intrigante, as pessoas carecem do conhecimento médio de Deus e, portanto, precisam se contentar com o que se sabe sobre este mundo, em vez de com o que é desconhecido em um número infinito de possíveis existências alternativas.

Cristãos que têm uma visão supostamente elevada dos sacramentos acreditam que o sacramento do Batismo garante que uma criança inocente que morre receberá a vida eterna. No entanto, e aqueles que não são batizados? Os católicos às vezes falam do limbo como uma existência liminar para crianças não batizadas, embora seja uma doutrina não oficial da Igreja. O limbo é tipicamente descrito como um lugar sombrio, mas não um lugar de punição. Recentemente, estudiosos católicos têm enfatizado a esperança, embora não a certeza, de que crianças não batizadas vão para o céu, e não para o limbo.

Na prática, muitos cristãos acreditam que Deus jamais condenaria crianças ao inferno só porque morreram tão jovens, sem a oportunidade de decidir por si mesmas sobre o evangelho da salvação. Mas essa afirmação não é uma doutrina oficial que cristãos e igrejas geralmente defendem. Seja como for, acredita-se que bebês (e crianças pequenas) que morrem recebem um passe livre para o céu, visto que nunca tiveram a oportunidade de atingir a idade de responsabilidade espiritual e moral (ou idade da razão).

Da mesma forma, aqueles que têm dificuldades mentais, emocionais ou de outras formas em suas decisões também são considerados como tendo vida eterna no céu. Cristãos e igrejas têm falado ainda menos sobre essas pessoas — esses inocentes — que encontramos regularmente entre nós.

Alguém pode se perguntar se não há muitas pessoas que, por uma razão ou outra, nunca atingem a idade da responsabilidade. Devido às circunstâncias da situação de uma pessoa em relação ao local de nascimento, origem cultural e filiação religiosa, pode-se questionar se haverá muitas pessoas que nunca atingirão a responsabilidade nesta vida, mesmo na idade adulta. Considerando os diversos desafios que as pessoas enfrentam, podemos esperar que

Deus seja mais empático do que excludente, mais misericordioso do que condenatório.

Comentários finais

Gosto de fazer uma distinção entre um "artigo de fé" e um "artigo de esperança". Espero que ninguém sofra na eternidade por se recusar a se humilhar, arrepender-se e crer em Jesus como seu salvador e senhor. Acredito que há evidências bíblicas suficientes para esperar que Deus dê às pessoas tantas chances quantas forem necessárias para serem salvas, independentemente dos meios extraordinários pelos quais isso possa acontecer. Da mesma forma, acredito que há evidências bíblicas suficientes para esperar que nem todos se converterão — no passado, no presente ou no futuro. Que assim seja. É o risco que Deus assumiu, por assim dizer, ao criar as pessoas com liberdade de escolha, o que era necessário para a liberdade de amar e de se relacionar com Deus e com os outros.

Como só consigo encarar a vida no presente, sem o conhecimento e a compreensão que espero ter no futuro, creio que Deus quer que continuemos a proclamar o evangelho aqui e agora. Seus benefícios nos ajudam tanto agora quanto para a vida eterna. Afinal, a salvação serve tanto para o bem-estar das pessoas nesta vida quanto para a vida após a morte.

Capítulo 25
Céu e Inferno

Lembro-me distintamente de duas vezes na minha vida em que me perguntaram: Como é o céu? Certamente outros já me fizeram essa pergunta, especialmente nas minhas aulas de teologia. Mas me lembro principalmente de duas dessas ocasiões: a primeira foi com o Dr. Marvin Karasek, já falecido, que foi um dos meus orientadores na universidade, e a segunda foi com minha filha Heidi, então com cinco anos.

O Dr. Karasek me perguntou, em dado momento, o que eu queria fazer da vida. Eu disse a ele que queria estudar religião e lecionar. O Dr. Karasek e eu tínhamos um bom relacionamento, e ele brincou comigo — com bom humor — sobre o cristianismo, embora seu humor tivesse um toque de irreverência. Em dado momento, ele perguntou por que alguém iria querer ir para o céu e passar a eternidade sentado nas nuvens, dedilhando harpas. Eu brinquei de volta, dizendo que ele assistia a muitos desenhos animados. Então ele me perguntou como eu achava que era o céu. Suspeitando que ele não gostaria de nenhuma resposta que eu desse, eu disse que ele deveria pensar em sua coisa favorita na vida e imaginar que seria capaz de vivenciá-la o tempo todo no céu. O Dr. Karasek bateu palmas e disse com alegria: "Sexo de 24 horas!"

A caminho do acampamento no Parque Nacional de Yosemite, lembro-me de Heidi sentada ao meu lado na van. Enquanto olhávamos pela janela, apreciando a bela paisagem montanhosa, ela perguntou como era o céu. Em vez de responder — como os professores costumam fazer —, perguntei como ela achava que era o céu. Heidi disse: "Acho que parece a Terra, só que melhor." Na época, lembro-me de ter ficado muito impressionado com o que ela disse. De fato, aprendi algo com minha filha de quatro anos, porque acho que Heidi captou o céu muito melhor do que eu, quando era estudante universitária.

A verdade é que não sabemos realmente como será o céu. Mas as Escrituras nos asseguram que ele — juntamente com outros benefícios prometidos por Deus — excederá nossas expectativas.

Sempre gostei das palavras de Paulo, imaginando que se aplicassem ao céu: "Mas, como está escrito: O que os olhos não viram, nem os ouvidos ouviram, nem o coração do homem imaginou, isso é o que Deus preparou para aqueles que o amam", aludindo provavelmente a Isaías 64:4 (1 Coríntios 2:9). As descrições do céu nas Escrituras são predominantemente simbólicas, estimulando nossa imaginação sobre a maravilha de uma existência semelhante ao céu e como serão nossos relacionamentos lá.

Linguagem Bíblica sobre o Céu e o Inferno

É irônico — e talvez hipócrita — quando alguns cristãos argumentam veementemente que o inferno deve ser visto literalmente como composto de fogo eterno, enxofre e ranger de dentes. Para eles, crer no contrário é um sinal de fraqueza em relação às Escrituras, ao julgamento divino e à condenação eterna. No entanto, quando questionados sobre o céu, esses mesmos cristãos podem dizer que as descrições bíblicas são apenas um prenúncio das coisas boas que virão. Afinal, a linguagem bíblica no livro do Apocalipse descreve o céu — a "nova Jerusalém" — como uma cidade em forma de cubo, com cada lado medindo aproximadamente 2.400 quilômetros, com muros com mais de 60 metros de espessura, construída com ouro e pedras preciosas. Por mais atraentes que essas imagens do céu possam ser para algumas pessoas, outros de nós também podem gostar da existência de campos e riachos, montanhas e oceanos, sofás confortáveis e camas macias. Em outras palavras, a maioria de nós não se sente limitada pela linguagem bíblica ao imaginar quão maravilhoso será o céu!

Então, por que as pessoas, incluindo os cristãos, se ofendem se não usarmos a linguagem bíblica para descrever o inferno? Por exemplo, o inferno às vezes é descrito como um lugar de choro e ranger de dentes, um poço sem fundo, uma fornalha de fogo, um fogo inextinguível, um fogo eterno, um tormento eterno, sem descanso dia e noite. Também é chamado de lugar de escuridão ou escuridão negra, o que não parece tão severo. No entanto, todas as imagens pretendem dizer que devemos evitá-lo a todo custo!

Então, o que devemos pensar sobre o inferno? Depende, na minha opinião, do que você pensa sobre as imagens bíblicas a respeito do céu. Se você gosta da imagem literal do céu como um lugar feito de ouro e joias (e sem sofás macios, camas ou campos gramados e macios à beira de um rio), então provavelmente gostará da imagem literal do inferno como fogo eterno, enxofre e ranger de dentes. No entanto, se você tem uma visão mais simbólica da imagem do céu, precisa se contentar em ver o inferno como um lugar a ser evitado a todo custo, mas não necessariamente com uma visão literalista dele.

O inferno está "abaixo" de nós, como sugerido em 2 Pedro 2:4? (O céu está "acima" de nós, como sugerido em Atos 1:9 e 1 Tessalonicenses 4:16-17?) A maioria dos cristãos não acredita que se encontrará o inferno cavando um buraco fundo no chão. A linguagem espacial nas Escrituras usada para descrever o inferno (e o céu) é geralmente considerada simbólica, em vez de geológica ou astrológica. Em vez disso, o inferno e o céu são, em última análise, considerados dimensões espirituais, e não físicas.

Justiça do Céu e do Inferno

As Escrituras falam repetidamente sobre o julgamento final. Não dizem precisamente como será esse julgamento, mas serão justas e o mais compassivas possível ao decidir o destino eterno das pessoas. Sem julgamento, no entanto, não haveria como a justiça superar as muitas injustiças que ocorrem atualmente na vida. As pessoas têm pouca dificuldade em ansiar por justiça eventual para aqueles que, nesta vida, literalmente escaparam de assassinatos, discriminação, opressão e exploração de outros. Elas acham mais difícil pensar que Deus responsabilizará as pessoas por indiferença passiva a Ele ou por falta de fé. Por mais difícil que seja para as pessoas compreenderem, as Escrituras dizem que Deus conhece o coração, a consciência e outros aspectos do estado espiritual das pessoas, de modo que nenhuma injustiça lhes será feita com base em circunstâncias fora de seu controle (por exemplo, onde viveram, quando viveram e o que sabiam sobre Deus).

Os próprios conceitos de céu e inferno são justos? Por exemplo, como pode um cristão, que afirma ser amoroso, ir feliz para o céu, sabendo que os outros estão condenados? Afinal, o apóstolo Paulo não disse que estaria disposto a ser amaldiçoado para que seus companheiros judeus pudessem ser salvos (Romanos 9:3)? É claro que o que Paulo almejava não é humanamente possível, porque as ações e atitudes das pessoas não podem merecer a salvação para os outros, muito menos para si mesmas. Além disso, os cristãos não podem ser considerados egoístas por desejarem a vida eterna, o céu e um relacionamento face a face com Deus. As Escrituras dizem que as pessoas foram feitas para o relacionamento com Deus, bem como com os outros, e, portanto, não são mais egoístas por desejá-lo do que seriam consideradas egoístas por desejarem respirar, beber e comer.

E o inferno? É justo? Por que as pessoas deveriam sofrer por toda a eternidade pelos pecados cometidos temporalmente em vida? Em teoria, um pecado torna uma pessoa culpada pela condenação eterna. Embora isso possa ser verdade em teoria, trivializa tudo o que as Escrituras dizem sobre justiça e justificação, sobre expiação e tornar-se um com Deus. As pessoas recebem o inferno porque o escolhem, e não porque Deus as coloca lá sem razão. Sempre gostei do que C.S. Lewis disse sobre o inferno, sugerindo como Deus dá às pessoas tantas chances quanto forem necessárias para se arrependerem e crerem, mesmo após a morte. No romance *The Problem of Pain*, Lewis diz: "Acredito de bom grado que os condenados são, em certo sentido, bem-sucedidos, rebeldes até o fim; que as portas do inferno estão trancadas por dentro." Em certo sentido, a existência do inferno representa um ato de misericórdia da parte de Deus, uma vez que fornece uma morada eterna para aqueles que não desejam — e talvez nunca desejem — ter comunhão com Deus.

Graus de recompensa e punição?

Existem graus de recompensa no céu e graus de punição no inferno? Surpreendentemente, as Escrituras falam bastante sobre ambos, e várias tradições eclesiásticas têm falado — de uma forma ou de outra — sobre acumular tesouros no céu e multiplicar as punições no inferno. Embora os cristãos possam gostar do conceito de multiplicar as punições, especialmente para os tiranos mais vis da história, eles geralmente hesitam quando se trata do conceito de acumular tesouros no céu. As referências bíblicas ao acúmulo de "tesouros no céu" têm mais a ver com a definição das prioridades atuais das pessoas — concentrando-se nas coisas celestiais, em vez das terrenas — e não com um fundo de aposentadoria eterno (Mateus 6:19-21). Por uma questão de coerência, não se deve falar em graus de punição no inferno se não se fala também em graus de recompensa no céu.

Aqueles que são cristãos não têm motivo para temer o julgamento. Embora possa ser um momento de lembrança e aprendizado, o julgamento é o momento em que a expiação de Jesus se torna efetiva para aqueles que creram, se arrependeram, foram batizados e se reconciliaram com Deus. Não é por causa das boas obras ou méritos das pessoas que elas são salvas. Isso é impossível, mas para Deus, tudo é possível. No julgamento, os cristãos recebem a absolvição final de seus pecados e se tornam herdeiros da vida eterna no céu com Deus, juntamente com outros que são salvos.

Estado intermediário?

O que acontece depois da morte? O que você vivenciará? Os cristãos têm visões diversas. Pode não parecer uma pergunta importante para você agora, mas para qualquer pessoa que tenha perdido um ente querido — especialmente alguém que morreu inesperadamente ou muito cedo — a pergunta se torna ainda mais importante, pelo bem do luto, se não por outro motivo.

Muitos cristãos acreditam em um estado intermediário, após a morte, que é como os indivíduos continuam a existir, antes da ressurreição final, do julgamento e da determinação de seus destinos eternos. Alguns consideram esse estado intermediário como um sono da alma, no qual as pessoas persistem em uma espécie de estado inconsciente. Outros o consideram como almas ou espíritos desencarnados, que existem como fantasmas até o fim dos tempos. Outros cristãos ainda acreditam que ocorre uma separação entre justos e injustos, e que eles recebem um antegozo da recompensa celestial e do castigo infernal. Referências creedais à "comunhão dos santos" podem ser entendidas como aqueles cristãos que morreram e a quem as pessoas ainda vivas podem pedir orações de intercessão dos santos a Deus em favor daqueles que ainda estão vivos na Terra.

Observe que a crença católica no purgatório representa um lugar para onde se acredita que os fiéis vão antes de receber a vida eterna no céu. Não é considerado uma segunda chance de salvação. Em vez disso, o purgatório é o lugar após a morte para onde os católicos acreditam que os fiéis vão — pessoas que nesta vida não viveram vidas santas e que precisam passar por um processo de purgação espiritual e moral (isto é, purificação) antes de receber a vida eterna.

Nem todos os cristãos, contudo, acreditam que exista um estado intermediário para o qual os crentes vão após a morte. Eles acreditam que, quando as pessoas morrem, elas imediatamente deixam os limites do espaço e do tempo e são transladadas para diante do Deus eterno. Portanto, não existe um estado intermediário. Após a morte, elas comparecem imediatamente face a face diante de Deus para julgamento.

Para os cristãos, o julgamento representa o momento de receber a glória, a vida eterna e o céu — não por serem dignos da salvação, mas pela salvação que lhes foi proporcionada por Jesus. Assim como na vida, haverá crescimento em conhecimento, amor e comunhão no céu. Não será uma existência estática, mas uma existência viva e florescente de amor, com todo o coração, alma, mente e força.

Comentários finais

Será que anseio por ir para o céu? Com certeza! Será que será um lugar para dedilhar harpas o dia todo nas nuvens, adorando a Deus? Não, creio que o céu será um lugar dinâmico de crescimento perpétuo de coração, alma, mente e força, e de relacionamentos florescentes com Deus, bem como com os outros. Será um lugar para relembrar o passado? Talvez, se acontecer, o resultado final seja positivo, instrutivo e construtivo, em vez de negativo.

Haverá um inferno? Na minha opinião, sim; também acredito que Deus dá às pessoas tantas chances quantas forem necessárias para serem salvas. Como isso acontecerá, não sei dizer, mas as Escrituras sugerem repetidamente que Deus é mais acolhedor do que condenatório. Pode ser que alguns nunca se arrependam e creiam? Novamente, as Escrituras sugerem que esse será o caso, e que o inferno será de fato um lugar de luto e angústia. Também acredito que a maior angústia será devido à separação eterna de Deus. Mas será a escolha deles de estar no inferno, e não uma decisão insondável de Deus. É por isso que tomarmos as decisões corretas é tão importante, tanto pela forma como baseamos nossas vidas no amor aqui e agora, quanto pela forma como esperamos a vida eterna pela fé: "Porque Deus amou o mundo de tal maneira que deu o seu Filho unigênito, para que todo aquele que nele crê não pereça, mas tenha a vida eterna" (João 3:16).

Epílogo

João 3:16 é um ótimo versículo para começar um livro sobre o cristianismo! Ele sugere que Jesus acolhe a todos e concede vida eterna àqueles que escolhem crer nele. A passagem sugere ainda que Jesus não estava condenando as pessoas. Pelo contrário, Jesus quer abraçar as pessoas, curá-las e ajudá-las a florescer — espiritual e fisicamente, individual e coletivamente.

Além disso, João 3:16 serve como um trampolim útil para falar sobre todo o cristianismo. Falei sobre Deus — a natureza de Deus, a existência de Deus e o amor de Deus. Falei sobre a criação, a humanidade e a situação difícil em que se encontram devido ao pecado, à ignorância, à miséria e à escravidão. Falei sobre Jesus, a expiação, o Espírito Santo e como as pessoas podem decidir aceitar ou rejeitar a graciosa oferta divina de perdão, de reconciliação com Deus e de restauração à imagem divina na qual foram criadas.

Em relação à vida cristã, falei sobre como a salvação não é apenas para a eternidade. É também para a forma como vivemos aqui e agora. O estudo das crenças, valores e práticas cristãs revela que as Escrituras falam principalmente sobre como podemos viver vidas ricas e plenas nesta vida. Além disso, falam sobre como devemos defender a justiça, bem como a justificação, e que o amor deve ministrar de forma tangível aos problemas de negligência, marginalização, opressão e perseguição, bem como aos problemas de culpa, vergonha e relacionamentos rompidos.

Ao ver João 3:16 estampado em outdoors, copos de refrigerante ou cartazes em eventos esportivos profissionais, você não terá mais uma reação impulsiva. Em vez disso, terá uma resposta informada e, esperançosamente, positiva. João 3:16 pode servir como chave para estimular grandes pensamentos, uma vida plena e, claro, uma grande eternidade.

Crença, Esperança e Amor

Depois de ler este livro, você poderá encontrar razões para crer em Deus que nunca considerou antes. Sim, Deus existe. É uma questão de fé, e não de argumentação racional e empírica. Tal argumentação pode ajudá-lo a crer, ou pode ajudá-lo a compreender e comunicar melhor suas crenças. Mas a questão fundamental é que as pessoas precisam tomar uma decisão sobre o que confiam em Jesus e na sua mensagem do evangelho. Você aceitará isso e confiará sua vida a Ele? Ou rejeitará, talvez alegando ser "espiritual, mas não religioso". Esta última frase se tornou clichê hoje em dia e não pode substituir a decisão mais importante da sua vida.

Há também muitas razões para ter esperança. Certamente, há razões para ter esperança na vida eterna. Ao longo do livro, a salvação representa a bendita esperança que todas as pessoas têm devido à obra expiatória da vida, morte e ressurreição de Jesus. Mas a esperança do cristianismo também é para o presente! Assim como Jesus cuidou dos pobres, proclamou a libertação dos cativos, curou os cegos e libertou os oprimidos, os cristãos devem ministrar com entusiasmo da mesma forma. O ensino bíblico defende os que são tratados injustamente, além de tratá-los com compaixão. Não deve haver racismo, sexismo, classismo e outros tipos de intolerância. Os cristãos devem estar na vanguarda do combate à injustiça no mundo e, de forma alguma, devem ser a causa dela!

É claro que o livro deve dar aos leitores motivos para amar — amar a Deus de todo o coração, alma, mente e força. Eles também devem amar o próximo como a si mesmos. Amar a si mesmo não é idolatria, orgulho ou egoísmo; é o que Deus nos chamou para fazer. Se não nos amarmos adequadamente, nosso amor pelos outros não será inadequado? No livro, falei sobre como o principal atributo de Deus é o amor. Da mesma forma, Deus quer que as pessoas amem ampla e profundamente. E o Espírito Santo de Deus nos ajuda a alcançar esse objetivo mais elevado, esse mandamento maior. Embora pareça clichê, o amor representa o cerne de relacionamentos de qualidade e, no final, é isso que é mais importante na vida — nossos relacionamentos! Talvez agora você esteja mais inclinado a se concentrar no amor e a fazer com que o amor se torne a principal preocupação em todos os seus relacionamentos, incluindo seu relacionamento com Deus.

O que vem a seguir?

Em resposta à pregação de João Batista, os penitentes perguntaram: "Que faremos então?" (Lucas 3:10). Surpreendentemente, talvez, para muitos cristãos, João não deu as respostas esperadas, como dizer-lhes para orar, ler as Escrituras ou participar do culto público. Em vez disso, João os instruiu a fazer coisas muito tangíveis e voltadas para a justiça, por exemplo, não trapacear e não praticar bullying. Muitas vezes, as pessoas, incluindo não cristãos e cristãos, têm expectativas religiosas sobre o que devem ou não fazer — expectativas que podem refletir sua formação pessoal e sociocultural, mais do que as Escrituras. Afinal, um tempo dedicado à reflexão e ao estudo das Escrituras pode, na verdade, levar alguém a agir de maneiras que não pareçam estereotipicamente cristãs!

As pessoas precisam estar cientes do desafio de unir "teoria e prática". Em um contexto religioso, essa união das crenças e valores das pessoas (teoria) com suas ações (prática) envolve múltiplas dimensões: espiritual e física, individual e coletiva. Questões tanto da teoria quanto da prática influenciam as escolhas das pessoas de serem salvas (ou de rejeitar o dom divino da salvação); elas também têm a ver com a forma como escolhem viver aqui e agora. Como tal, as pessoas devem decidir por si mesmas — pela graça de Deus — sobre quem serão, pensarão, falarão e agirão.

João 3:16 desafia as pessoas a, pelo menos, tomarem uma decisão. Normalmente, a decisão é pensada em termos de conversão — crer, arrepender-se, ser batizado e tornar-se um discípulo obediente de Jesus. Recomendo que as pessoas não adiem essa decisão de crer em Jesus, se ainda não o fizeram.

Também é importante que aqueles que se converteram ao cristianismo evitem visões incompletas e indiferentes sobre ele. João 3:16 é um ótimo ponto de partida para aprender sobre Jesus, as Escrituras e a igreja, mas não pode ser o ponto final. João 3:16 aponta para uma compreensão religiosa muito mais ampla, uma compreensão mais acolhedora e não condenatória do evangelho de Jesus do que a frequentemente praticada. Trata-se de um cristianismo que se preocupa com a justiça, bem como com a justificação, que ama os empobrecidos — em suas muitas manifestações — e que busca alcançar todos no mundo que são negligenciados, marginalizados, oprimidos e perseguidos.

Espero que este livro tenha contribuído para ampliar a compreensão das pessoas sobre Jesus, sobre a salvação e sobre a vida cristã voltada para a justiça e o amor. Além disso, espero que os leitores assumam a máxima responsabilidade em suas decisões, tanto na aceitação de Jesus como seu salvador e senhor, quanto na vivência de uma vida que reflita toda a vida e os ensinamentos de Jesus.

www.ingramcontent.com/pod-product-compliance
Lightning Source LLC
Chambersburg PA
CBHW051822090426
42736CB00011B/1606